MUCHO MÁS QUE UNA CRUZ

IMÁGENES DE LA SALVACIÓN PARA DIVERSOS CONTEXTOS

SOBRE MARCOS BAKER Y "MUCHO MÁS QUE UNA CRUZ"

Una excelente colección de ensayos que muestran el amplio significado de la cruz en diversos contextos, y que a la vez dan prueba de que la buena teología no se hace siempre en el estudio, sino en la calle, donde la doctrina y experiencia de la redención cobran nueva vida.

-JUSTO GONZÁLEZ. Dr. en Teología. Historiador de la Iglesia. Decatur, GA, U.S.

Uno de los mayores desafíos que enfrentamos –como discípulos de Jesús– es descubrir y aprender formas novedosas y significativas de comunicar el mensaje de buenas nuevas de Jesús a nuestros amigos y familiares. La Iglesia necesita "Mucho más que una cruz" exactamente por este motivo. Estoy emocionado de ver que este importante trabajo de Marcos Baker llega a las manos y a las mentes de personas que aman a Jesús y están luchando para saber cómo compartir sus verdaderas buenas noticias con el mundo.

-BRUXY CAVEY. Pastor principal de la iglesia *The Meeting House*. Escritor y teólogo. Ontario, Canadá.

Mediante textos propios y de teólogas y teólogos invitados, Marcos Barker analiza críticamente la interpretación tradicional de la cruz como un medio de satisfacción de la ira divina que tiene en San Anselmo uno de sus máximos exponentes. Baker analiza los puntos positivos y los aspectos débiles de tal interpretación que parece dejar de lado la vida de Jesús y aún su propia resurrección.

Una de las virtudes del libro radica en que las exposiciones surgen tanto del ejercicio docente como de la predicación en las iglesias. En suma, "Mucho más que una cruz" es una invitación a revisar el lenguaje teológico de la cruz para encontrar nuevos modos de interpretarla con mayor riqueza y evitando los reduccionismos.

-ALBERTO F. ROLDÁN. Dr. en Teología y Mtr. en Filosofía Política y Educación. Dirige la revista *Teología y Cultura*. Buenos Aires, Argentina.

Que el Dios de Jesús de Nazaret sea un Moloch sediento de sangre, no le cabe duda a quienes han oído solamente un relato acerca de la salvación. Es el relato según el cual el sacrificio de Jesús en la cruz satisfizo las demandas de una ley que se da por bien servida si ve sangre derramada. Sangre inocente.

¿Es esa la única historia? En "Mucho más que una cruz", Marcos Baker reúne voces (y la suya propia) que nos hablan desde diversos trasfondos que nos invitan a conocer un panorama amplio de la salvación, tan amplio que la sed de venganza que proyectamos en un Dios de amor que convertimos en Moloch, sencillamente desaparece.

-ALVIN GÓNGORA. Pastor, teólogo, traductor de varios capítulos del libro. Bogotá, Colombia.

Los ensayos cuidadosamente seleccionados por Baker nos enseñan la belleza de la profundidad de la cruz, y como uno lo puede explicar en su contexto. Cada autor nos presenta una imagen bella -apoyado por las escrituras- y poderosa de Cristo y de la cruz. Este libro es una bendición para esta generación de jóvenes que están buscando algo que resuene con mayor intensidad en sus experiencias en un mundo postmoderno.

-NOEMÍ VEGA QUIÑONES. Mtr. en Teología. Escritora. Mexicana y estadounidense. Directora Regional de *InterVarsity Christian Fellowship*, CIEE, Sur de Texas, U.S.

Descubrir la obra de Marcos Baker ha sido toda una revelación liberadora. Encontrarse de frente con los relatos de su ministerio en América Latina, enriquecidos con la erudición de un académico inquieto que habla con firmeza desde posibilidades prácticas de una fe aterrizada en la realidad de las gentes, me ha permitido interiorizar posturas de la cruz que trascienden las tradiciones con las que alguna vez me presentaron a Dios. Su último libro nos recuerda que la historia del calvario tiene sentido en las particularidades desde donde cada persona la vive. Que la escena completa la vemos mejor cuando la miramos con el otro. Y que la buena noticia de Jesús no solo se trata de su muerte, que el evangelio es "Mucho más que una cruz".

-TOMÁS CASTAÑO MARULANDA. Comunicador, teólogo urbano, bloguero en temas de fe, administrador de la página web *Teología Cotidiana* y sus redes sociales en Medellín, Colombia.

En la tradición rabínica decían que el texto bíblico era como una piedra preciosa vista al trasluz, una piedra que a cada pequeño giro sobre su eje mostraba destellos distintos que maravillaban vez tras vez a quien la observaba. Esa gema bien pudiera ser para nosotros, los cristianos, la cruz de Cristo. Cada nuevo destello nos permite asombrarnos y valorarla multiaxialmente.

El discurso monocorde que hemos heredado no satisface a la hora de explicar la cruz y la salvación. Claramente, este discurso contrasta con la polifonía propuesta en este libro. Sea que el lector opte por seguir en la narrativa que ha elegido creer o sea que la cambie por un relato más liberador; al menos habrá disfrutado del goce que produce ser el espectador de destellos y sonidos que nunca pensó ver ni oír.

-CÉSAR SOTO. Pastor, escritor y comunicador. Mtr. en Estudios Teológicos. Chileno/argentino. Director de PRISMA Teológico. Reside en USA.

¿Y si Dios no es un despiadado Patrón dispuesto a sacrificar a su propio hijo para satisfacer su sed de venganza? ¿Y si Dios no es el prestamista del barrio que anda esperándote en la esquina de tu casa a que salgas para cobrarte? ¿Y si es que tenemos una manera de entender a Dios que nos fue heredada, y que solo pretende encerrarlo en un único discurso pragmático? Marcos Baker, en su libro, nos anima a introducirnos en una zona de interrogantes, propone una especie de "impasse de cuaresma" —ese punto ciego que no mirábamos— donde nos preparemos para comprender cómo la vida, la muerte y la resurrección de Jesús salva, perdona y restaura de formas que no habíamos considerado hasta ahora.

-HERNÁN DALBES. Director de Publicaciones de JUANUNO1, cofundador y pastor de la Iglesia *Misión Gracia y Libertad*. Buenos Aires, Argentina.

Marcos Baker
editor y compilador

MUCHO MÁS QUE UNA CRUZ
IMÁGENES DE LA SALVACIÓN PARA DIVERSOS CONTEXTOS

Buenos Aires, Argentina | Hialeah, FL. U.S.

Copyright © 2019 by Mark D. Baker

MUCHO MÁS QUE UNA CRUZ
Imágenes de la Salvación para Diversos Contextos
de Marcos Baker. 2019, JUANUNO1 Ediciones.

ALL RIGHTS RESERVED. | TODOS LOS DERECHOS RESERVADOS.
Published in the United State by JUANUNO1 Ediciones,
an imprint of the JuanUno1 Publishing House LLC.
Publicado en los Estados Unidos por JUANUNO1 Ediciones,
un sello editorial de JuanUno1 Publishing House LLC.
www.juanuno1.com

Los capítulos 5, 8, 9,10, 11, 12, 14 pertenecen a *Proclaiming the Scandal of the Cross*
by Mark D. Baker, copyright © 2006.
Used by permission of Baker Academic, a division of Baker Publishing Group.
Usado con permiso de Baker Academic, una división de Baker Publishing Group.

JUANUNO1 EDICIONES, logos and its open books colophon, are registered trademarks of
JuanUno1 Publishing House LLC. | JUANUNO1 EDICIONES, los logotipos y las terminaciones de
los libros, son marcas registradas de JuanUno1 Publishing House LLC.

Library of Congress Cataloging-in-Publication Data
Name: Baker, Marcos, author.
Mucho más que una cruz : imágenes de la salvación para diversos contextos / Marcos Baker
Published: Hialeah : JUANUNO1 Ediciones, 2019
Identifiers: LCCN 2019952580
LC record available at https://lccn.loc.gov/ 2019952580

REL067040 RELIGION / Christian Theology / Christology
REL058010 RELIGION / Sermons / Christian
REL030000 RELIGION / Christian Ministry / Evangelism

Paperback ISBN 978-1-951539-00-9
Ebook ISBN 978-1-951539-01-6

*Todos los versículos bíblicos que aparecen como destacados o apartados en este libro corresponden
a Santa Biblia, NUEVA VERSIÓN INTERNACIONAL® NVI® © 1999, 2015 por Biblica, Inc.®,
respetando los términos de uso expresados en su página web biblica.com/terms-of-use/ consultado en
Marzo 2019.*

Traducción: Alvin Góngora
Primera corrección: Tomás Castaño Marulanda
Editor: Tomás Jara
Diagramación interior: María Gabriela Centurión
Portada: ZONA21.net
Director de Publicaciones JUANUNO1 Ediciones: Hernán Dalbes

First Edition | Primera Edición
Hialeah, FL. USA.
-2019-

Dedico este libro a mi esposa Lynn,

con quien comparto la vida y la convicción

sobre la importancia del tema abordado en el libro.

Ella me ha apoyado en todos mis escritos

y enseñanzas sobre la cruz.

ÍNDICE

Capítulo 1
El Evangelio multifacético
Marcos Baker 15

Capítulo 2
Imaginando alternativas
Marcos Baker 31

Capítulo 3
Una narrativa fundamental: una parábola
Marcos Baker 51

Capítulo 4
Perdón en la prisión
Marcos Baker 67

Capítulo 5
Se levanta en victoria
Frederica Mathewes-Green 71

Capítulo 6
El jefe penitenciario y la fuga de la prisión
Chris Hoke 77

Capítulo 7
   Cristo Vencedor entre los mixtecos
   Ana Thiessen 89

Capítulo 8
   La expiación como drama en una clase
   de escuela dominical
   Dan Whitmarsh 97

Capítulo 9
   Un historia diferente: Marcos 15:21-39
   Debbie Blue 103

Capítulo 10
   Desnudos pero no avergonzados
   Douglas Frank 119

Capítulo 11
   Jesús, el excluido final
   Michael McNichols 137

Capítulo 12
   La defensa de mi padre
   Ryan Schellenberg 149

Capítulo 13
   Porqueriosis
   Iván Paz 159

Capítulo 14
Novedad de vida gracias a la obediencia
de un hombre: Romanos 5:12-19
Richard B. Hays.. 165

Capítulo 15
Mirando hacia la Pascua: Filipenses 2:1-11
Nancy E. Bedford 177

Capítulo 16
La cruz y las víctimas: Hablar de la salvación
desde Jesús como misericordia de Dios
Gustavo Delgadillo 185

Capítulo 17
Jesús salva de la religión
David A. Gaitán 193

Capítulo 18
Dios no se divorcia de nosotros
Grace Spencer 207

Sobre los autores y las autoras 215

1

EL EVANGELIO MULTIFACÉTICO
Marcos Baker

Para apreciar completamente una piedra preciosa y todas sus bellas complejidades debes girarla y observarla. Es multifacética. Debes ver todas las caras y observar cómo la luz hace que la joya se muestre en su esplendor y vitalidad, de diferentes maneras y desde todos sus ángulos. El evangelio de la vida, la muerte y la resurrección de Jesús es como esta piedra, tiene muchas caras. Para apreciarlo completamente necesitas verlas a todas: Jesús como un vencedor, un sufridor, un mártir, un sacrificado, un redentor, un conciliador, un justificador, un adoptante y un representante.[1]

El evangelio no puede ser capturado por completo en una sola explicación, ni siquiera si combináramos todas las diferentes explicaciones que hay en este libro. Y eso es algo bueno. Cada uno de nosotros, como individuo, está perdido y esclavizado de más de una manera; necesitamos del rescate y la liberación de Dios en más de una forma. Incluso, ve más allá de pensar en uno mismo, más allá de un individuo en particular. Piensa en la profundidad y la amplitud de la pérdida y la esclavitud que por diversas situaciones sufren las personas en su entorno. Qué maravilloso es que la cruz rebose de significados y de su poder de rescate para penetrar en todas estas situaciones. Ahora, no solo piensa en la diversidad de necesidades, sino también en las muchas formas de entender y comprender. Tal

---

1. He tomado prestada la imagen de la joya de Steve Taylor, "Participation and an Atomized World" en Mark D. Baker, ed., *Proclaiming the Scandal of the Cross: Contemporary Images of the Atonement*, Baker Academic, Grand Rapids, MI, 2007, p 104.

vez una explicación del evangelio que se pueda entender para el contexto cultural de una persona puede tener poco sentido en otra. Por ejemplo, a nivel de lenguaje, y como analogía, decir "blanco como la nieve", no se comunicará tan claro a alguien que nunca ha visto la nieve. Hoy en día, en muchos lugares del mundo, "limpiarse con la sangre" no tiene sentido, la sangre es vista como un contaminante, no como un limpiador. Pero la misma frase podría conectar poderosamente con alguien en un contexto tribal que todavía practique el sacrificio de animales. Por lo tanto, debido a las diversas necesidades pastorales y la importancia que tiene comunicarse mejor con él público en distintos contextos, el Nuevo Testamento usa una cantidad de imágenes diferentes para proclamar la salvación provista por la cruz y la resurrección. Es un solo evangelio, una sola joya, pero que, dependiendo del escenario en que se encuentre, utilizará la faceta adecuada de la joya que permita proclamar a Jesús como la única forma de salvación.

El Nuevo Testamento proclama audazmente la salvación a través de la cruz, pero no ofrece muchas explicaciones sobre el procedimiento de cómo salva la cruz. Los teólogos, sin embargo, han trabajado en esta explicación por siglos. ¿Cómo nos salva la cruz? Durante los primeros mil años de la historia de la iglesia, los teólogos comúnmente respondieron a este interrogante explicando que en la cruz Jesús entró en las profundidades de los dominios de Satanás. Luego, la resurrección mostró que el Diablo no pudo mantener a Jesús atrapado bajo su poder. La cruz y la resurrección fueron la victoria de Dios sobre la muerte y sobre Satanás. Si bien podemos afirmar que esta explicación es correcta, y que está construida sobre una sólida base bíblica, el principal problema es que no dice lo suficiente. Necesitamos más. Puede ser una maravillosa explicación de la cruz para compartir con alguien que teme a la muerte, o un mensaje efectivo para proclamar en un entorno cultural donde la gente teme a los espíritus malignos. Pero, por ejemplo, esta explicación carece de un punto de conexión para una persona que se siente culpable o que llevaba una carga de vergüenza.[2] La victoria sobre el Diablo es una faceta del acto salvador de Dios, otras facetas mostrarán otras realidades y proporcionarán un significado adicional. Necesitamos más que una única explicación, más que una sola faceta de la joya del evangelio.

En los últimos quinientos años aparece como respuesta otra explicación de la cruz, que ha sido la que más comúnmente se ha usado: la teoría de la salvación mediante la satisfacción penal que utiliza la lógica de un juzgado occidental. Esta ve a Jesús muriendo en nuestro lugar, satisfaciendo la demanda de justicia de Dios al pagar la condena por nuestro pecado. En esta explicación el foco está puesto en la liberación de la culpabilidad, no en triunfar sobre el Diablo. Los evangelistas proclaman que por la cruz una persona puede experimentar la libertad de su culpa. ¿Qué pasa si la persona no está sufriendo de carga de culpa? ¿Qué pasa si una persona lleva más una carga de vergüenza? O en todo caso, ¿qué pasa si una persona no siente una gran culpa pero sí tiene miedo a la acción de las fuerzas malignas en su vida? ¿Qué pasa si una persona siente que la vida no tiene propósito? ¿Cómo responden esas personas a un evangelismo que se enfoca en la culpa? Observé unos videos de personas usando un método particular de evangelismo que se enfocaba en la culpa.[3] Las personas evangelizadas entendieron los conceptos, pero no se sintieron culpables. Ellos no buscaron ninguna solución a la culpa. Entonces el evangelista hizo muchas preguntas sobre posibles pecados que ellos habían cometido. Me da la impresión que más que presentar el evangelio de una forma que esté conectado con las necesidades reales de las personas, el evangelista usó una estrategia para crear un sentido de necesidad. Estos tratan primero de hacer sentir culpable a las personas de tal modo que el evangelista después pueda dar la solución al problema de la culpa. Viendo estos videos me viene la pregunta, imagine

---

2. Para una mayor explicación sobre esta temática vea el libro por Jayson Georges, *El evangelio en 3D: Cómo presentar el evangelio en culturas de culpa, la vergüenza, y el temor*, Editorial Desafío, Bogotá, 2016.
3. http://www.livingwaters.com/watch/ Consultado el 31/01/2019.

¿cuán diferente sería si en lugar de tratar de hacerles sentir culpa, el evangelista hiciese preguntas que les ayude a conectar el evangelio con las necesidades y deseos de las personas? Aquí también necesitamos más que una única explicación, más que una sola faceta de la joya del evangelio.

Este libro contiene muchas facetas de la joya del evangelio. Las presentaciones que aparecen en él proclaman el evangelio y explican cómo la cruz y la resurrección brindan salvación, usando una variedad de imágenes. Mi oración es que, primero, al encontrar diferentes facetas del evangelio, puedas experimentar en nuevas formas la profundidad y amplitud del trabajo salvador de Dios. Y, en segundo lugar, que al tomar prestadas y adaptar las imágenes del libro, tengas muchos más recursos en tu caja de herramientas para proclamar la increíble riqueza del significado salvador de la vida, la muerte y la resurrección de Jesús. En este capítulo presentaré y evaluaré la teoría de la satisfacción penal de la redención. Luego contaré algunas historias que darán una idea del potencial maravillosamente positivo de usar diversas imágenes de la cruz en lugar de una sola explicación. El siguiente capítulo proporcionará algunas ideas bíblicas para ayudar a abrir la puerta al uso de otras facetas de la joya del evangelio más allá de la satisfacción penal, y terminará con algunos comentarios sobre lo que vendrá en el resto del libro.

La Teoría de satisfacción penal

La teoría de satisfacción penal de la redención es común. También se encuentra por el nombre de *la teoría de sustitución penal*. La podemos encontrar en voluminosos libros de teología, hasta en explicaciones cortas en tratados que están basados en ella. Presento acá como es comúnmente articulado a nivel popular.[4]

---

4. Para una explicación más profunda y una evaluación de la teoría de satisfacción penal, ver: Juan Driver, *La obra redentora de Cristo y la misión de la iglesia,* Nueva Creación, Buenos

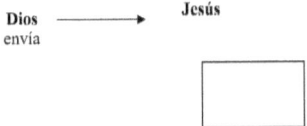

Barreras para el relacionamiento

Pecado humano y la Pureza
y Justicia de Dios

Los humanos son pecadores y nuestros pecados son una barrera para tener relación con Dios, ya que esto comprometería la pureza y santidad de Dios. Porque Dios es un justo Dios, y la justicia demanda un adecuado castigo por la ofensa. Dios no puede simplemente perdonar nuestros pecados.

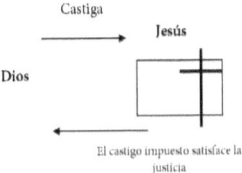

Este cuadro representa la vida de Jesús
que no fue manchada por el pecado

Dios envió a Jesús a la tierra para remediar esta situación. Él vive una vida sin pecado y...

El castigo impuesto satisface la justicia

muere en nuestro lugar. Al vivir sin pecado, Jesús es capaz de tomar nuestro lugar y sufrir el castigo que merecemos: la muer-

---

Aires, 1994; y Mark D. Baker y Joel B. Green, *Recovering the Scandal of the Cross: Atonement in New Testament and Contemporary Contexts*, 2da. ed., IVP Academic, Downers Grove, Ill, 2011.

te. Por medio de castigar a Jesús en la cruz, Dios ha impuesto el castigo que la justicia demandaba.

La justicia ha sido satisfecha, y Dios ahora, justamente, puede declararnos inocentes y perdonar nuestros pecados. La barrera ha sido removida, los humanos ahora tienen la posibilidad de entrar en una relación con Dios si admiten sus pecados y piden perdón reconociendo que esta posibilidad ha sido provista por gracia a través de la muerte de Jesús en su lugar.

Evaluación

Usando simples diagramas como estos he contado esta historia a numerosos grupos y les he preguntado: ¿Cuáles son los aspectos positivos y negativos de usar éste modelo como narrativa fundamental de como Dios provee salvación por medio de la vida, muerte y resurrección de Jesús? Lo que sigue es una lista de lo que comúnmente recibo como respuesta.

Aspectos positivos:

- Toma el pecado seriamente.
- Es claro y lógico.

- Es corto y fácil de entender.
- Es efectivo quitando el sentido de culpa.

Aspectos negativos:

- No incluye la resurrección.
- La vida de Jesús, como él vivió, lo que hizo y dijo, no es parte de la narrativa fundamental. Con relación a su vida, la narrativa fundamental solo nos dice que él no cometió pecado.
- La salvación no está conectada con la vida y la ética (sólo se enfatiza que uno es libre de culpa y limpio del pasado).
- Es muy individualista.
- Está en conflicto con algunas imágenes bíblicas de Dios (por ejemplo: Lc 15; 2 Cor 5:18).
- Es difícil ubicar algunas imágenes de salvación, como victoria sobre el poder de la muerte y el mal; y con este como narrativa fundamental, todas las imágenes terminan relacionadas con la culpa y el estatus legal del individuo (así por ejemplo el sacrificio es entendido por los lentes de esta narrativa fundamental como pago y aplacamiento de ira).
- Tiene una limitada visión del pecado (individual, trasgresión moral).
- Puede llevar a las personas a separar a los integrantes de la Trinidad (y degenerar al punto de que algunas personas crean que Jesús vino a salvarnos de Dios).
- Puede llevar a las personas a ver a Dios como una airada figura que debería ser calmada o aplacada.
- Enfatiza el castigo retributivo sobre la justicia restaurativa y puede sustentar el mito de la violencia redentora.

- Es difícil de entender en algunas culturas.
- Es lógico para unos pero no siempre comprensible para otros.

¿Por qué tantas características negativas?

El Nuevo Testamento usa imágenes legales, y habla claramente de sustitución: de que Jesucristo murió en nuestro lugar. Por lo tanto, si esta es una explicación que se obtiene de la Biblia, nos lleva a preguntarnos: ¿cómo podría haber tantos aspectos negativos? Y a partir de esta, inmediatamente interrogarnos: "¿Se encuentra realmente en la Biblia?". Aunque es cierto que se usa el lenguaje bíblico y sus imágenes, la explicación anterior tuerce estas imágenes bíblicas de dos maneras importantes, siendo esas distorsiones las que conducen a los aspectos negativos. En primer lugar ha tomado una única imagen, y la ha convertido en la historia fundamental de cómo entendemos la cruz. Sin embargo, en el Nuevo Testamento, la imagen legal es una de muchas que comunican solo una faceta del evangelio. En el siguiente diagrama es una de todas las flechas, pero no es la narrativa fundamental.

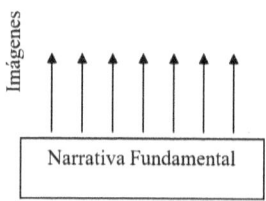

La narrativa fundamental es más amplia y más profunda que una imagen. Las muchas imágenes representadas por las flechas en el diagrama encuentran lugar dentro de esta que explica cómo la cruz y la resurrección proveen salvación. En este libro usaremos el término de *narrativa fundamental* para referirnos justamente al relato en que está basada la explicación de cómo la cruz y la resurrección proveen salvación. En esencia, la teoría de satisfacción penal ha tomado una imagen y ha hecho de ella una narrativa fundamental. Esto es como tomar una de las flechas del diagrama y girarla hacia abajo de tal manera que ahora la flecha se convierte en la narrativa fundamental como en el segundo diagrama.

Imagen de
Satisfacción Penal

Esto no tendrá el suficiente espacio para hacer lugar a todas las imágenes. Aunque habrá lugar en los costados de la flecha para soportar otras pocas imágenes, ellas terminarán comunicando algo muy similar a la imagen usada como fundamento. Una sola imagen no tiene la anchura de una verdadera narrativa fundamental de manera tal que soporte diversas imágenes. Ninguna narrativa fundamental de la salvación por la cruz puede capturar totalmente la profundidad de la cruz, pero en términos de una "caja de herramientas" metafórica, necesitamos trabajar para tener una narrativa fundamental, o una "caja de herramientas" que pueda proveernos de una rica variedad de imágenes o "herramientas", que podamos usar en el evangelismo y discipulado. Es una equivocación presentar la teoría de satisfacción penal como la única explicación de la cruz, ya que siendo así esta aparta y distorsiona a las otras imágenes.

La segunda distorsión es que la explicación de la satisfacción penal ha sacado a las imágenes legales de su contexto bíblico original y las ha puesto en el contexto de un sistema legal occidental, cambiando su significado. En lugar de retratar al Padre, al Hijo y al Espíritu Santo trabajando juntos para cumplir el compromiso del pacto de Dios de proporcionar la salvación, comunica muy fácilmente que Jesús está apaciguando al Padre que no puede perdonar debido a un código legal que exige castigo. Exploraremos estos dos diferentes conceptos de justicia con mayor profundidad en el siguiente capítulo. Resumiendo los dos puntos, se pierde mucho cuando hacemos de esta imagen legal la única explicación fundamental de la cruz; y cuando distorsionamos el significado de esta imagen legal despojándolo de su contexto bíblico original.

Antes de continuar quiero hacer dos observaciones importantes. La crítica que he hecho de esta explicación común de la cruz no es meramente un argumento académico. No es solo un teólogo que encuentra algo para desafiar solo porque eso es "lo que hacen los teólogos". Mi trabajo sobre este tema no comenzó en una biblioteca. Comenzó en el contexto del ministerio. Como mostrarán las historias a continuación, mi interés en el tema está animado por preocupaciones y circunstancias de la vida real y por el potencial que este tiene para una mayor transformación a través del Evangelio. En segundo lugar, mi objetivo no es desacreditar a los ministerios que usan o han usado la teoría de la satisfacción penal de la cruz. De hecho yo lo usé en el evangelismo durante quince años de ministerio. No estoy diciendo que no haya fruto auténtico; las personas se encontraron con Jesús a través de ese ministerio. Muchos de ustedes, leyendo esto, probablemente vinieron a Jesús a través de una explicación de sustitución penal de la cruz. En mi caso fue así. Mi objetivo no es atacar o cuestionar la validez de tu encuentro con Jesús. Más bien lo que digo es que podemos hacerlo mejor. El hecho de que la explicación funcione no necesariamente la valida. Los invito a que se unan a mí para mirar hacia adelante y preguntar: ¿podemos hacerlo mejor? Que las historias que siguen te llenen de convicción de que tenemos que mejorar, y te exciten con las posibilidades que pueden surgir del uso de una diversidad de imágenes en nuestra proclamación del evangelio.

El impacto en la vida real de un evangelio multifacético

Mariela, peruana, llevaba una pesada carga de vergüenza porque ella era rechazada por las personas de su comunidad. No sentía culpa; se avergonzaba a causa de las acciones de alguien cercano a ella, no por algo que ella hubiera hecho. Mariela leyó un folleto de cómo la vida, muerte y resurrección de Jesús había librado a Alba, una mujer hondureña, de su esclavizante vergüenza.[5] Por medio de esta historia Mariela encontró a Jesús en una nueva forma que la libertó de su carga de vergüenza, y transformó su forma de ver a Dios. Ahora ella apasionadamente comparte con otros las buenas nuevas del amor de Dios.

Si yo todavía usara la teoría de satisfacción penal como mi narrativa fundamental, es probable que no hubiera pensado en la relación entre la cruz y la liberación de la vergüenza, y mucho menos hubiera podido escribir el folleto evangelístico que impactó la vida de Mariela.

En el pasado, Mariela había respondido al evangelio de libertad de culpa. Sin embargo, en este momento particular de su vida ella necesitaba otra faceta de la joya del evangelio. En algunos contextos culturales que usan el honor y vergüenza para controlar el comportamiento las personas no entienden una presentación del evangelio sobre la libertad de la culpa. Un japonés me dijo que las presentaciones del evangelio que hablaban sobre el pecado y la culpa lo confundían y frustraban. Él no las entendía. Entonces, sabiendo que él provenía de una

---
5. El contenido del folleto puede leerse en el capítulo 8 del libro *Centrado en Jesús* por Marcos Baker, JuanUno1 Ediciones, Buenos Aires, 2017.

cultura basada en la honorabilidad, en vez de hablar sobre la culpa recurrí a otra faceta de la joya del evangelio, y hablé sobre la cruz en términos de honor y vergüenza. Hablamos sobre sentirse rechazados y deshonrados por las formas en que no habíamos cumplido las expectativas de los demás, y sobre sentir esa misma vergüenza en frente de Dios. Luego hablé acerca de cómo en la cruz, Jesús en nuestro lugar llevó la vergüenza que merecíamos y cómo podemos tener una relación restaurada con Dios sin vergüenza. Él no solo entendió las palabras, sino que las bebió como una planta sedienta.

Una mujer canadiense creció en un hogar problemático en el que la relación con su padre era casi exclusivamente de miedo. Esa experiencia le facilitó imaginar a su Padre celestial como un estricto disciplinario también. La enseñanza de su iglesia de que la cruz aplacó a Dios exacerbó el problema. Se alejó de la iglesia porque, en sus palabras, "cualquier Dios que exigió la muerte de su hijo para poder perdonar es un Dios con el que no quiero tener nada que ver". Recientemente, sin embargo, un pastor le prestó un libro sobre la cruz.[6] Encontró explicaciones alternativas de cómo la cruz proporciona la salvación, y se abrió a nuevas formas de pensar acerca de Dios. Leerlo fue vivificante y transformador. Su relación con Dios se ha convertido en algo profundo, rico y hermoso. Hoy ella está involucrada activamente en la iglesia.

Cuando era joven, otro canadiense, Rick Schmidt, escuchó la explicación de la cruz con una metáfora sobre un maestro en una escuela con solo un aula. Un niño pequeño, de una familia pobre y disfuncional, había roto una regla. El maestro explicó que no tenía otra opción que castigar al niño por esta transgresión, y le pidió que se presentara ante él. Otro niño de un grado superior, lleno de compasión, levantó la mano y se ofreció para recibir el castigo en su lugar. Rick se sintió atraído por el niño mayor —queriendo ser como él— y por lo que él representó: Jesús. No se sintió atraído por el maestro o las reglas que lo limitaban. La historia lo llevó a sentirse distante y decepcionado

---

6. Baker y Green, *Recovering the Scandal of the Cross*.

por el personaje que representaba el maestro: Dios el Padre. Esta incomodidad y duda se convirtió en una gran crisis de fe en su adultez. La crisis se profundizó a través de su trabajo como mediador voluntario en un programa de reconciliación víctima-delincuente. Había leído materiales que utilizaban argumentos bíblicos para abogar por lo que estaba haciendo: practicar la justicia restaurativa. Él quería creer que esto realmente tenía un fundamento cristiano, pero en el fondo de su comprensión del cristianismo había una historia de la cruz enfocada en el castigo y la justicia retributiva. Sintió una tensión profunda entre lo que estaba practicando y la visión que su iglesia local le había dado de la justicia de Dios y la cruz. Leer el mismo libro mencionado en la historia anterior puso fin a la crisis. El alivio vino con el descubrimiento de que en la Iglesia Cristiana hay, y siempre han habido, alternativas bien desarrolladas y articuladas a la noción de que la mano divina de retribución debe caer sobre alguien. Al ver la cruz con nuevos ojos, la disonancia desapareció; la cruz ahora podría verse como central en su trabajo para la paz y la reconciliación en lugar de estar en tensión con ella. Vio como el trabajo salvífico de Dios modeló y afirmó la justicia restaurativa. Desde entonces, Rick se ha involucrado más profundamente en el trabajo de resolución de conflictos y está más comprometido con su fe y su iglesia local, habiendo dejado muchas de las dudas y ambivalencias del pasado.

Jon Isaak fue al Congo a dar un curso de teología. Mientras él enseñaba, observó que sus estudiantes responsablemente tomaron "apuntes" e hicieron las tareas asignadas, pero a menudo parecían desconectados del contenido de la clase. Él percibió que ellos experimentaban una desconexión entre la teología y su vida diaria, incluyendo sus experiencias del rol del mal como poder activo. Cuando llegó el momento de hablar sobre la cruz y la salvación, Jon usó Colosenses 2:15 como su texto central; en este texto se afirma que Jesús triunfó sobre los principados y poderes en la cruz. En ese momento los estudiantes se "despertaron". Vieron la conexión entre la teología de la cruz y sus confrontaciones con el mal. Desde ese momento el ambiente de la clase cambió. Como la cruz es central en el cristianismo, no es sorpresa para nosotros que una vez que estos estudiantes vieron la conexión entre la cruz y sus vidas diarias ellos también comenzaron a ver una conexión mayor entre otros temas teológicos y la realidad de sus vivencias. Hubiera sido muy difícil para Jon hacer esto si solo hubiese tenido la teoría de satisfacción penal como su única faceta de la joya del evangelio. Hubiera producido una limitada y angosta narrativa fundamental sin la conexión a la vida diaria de los alumnos. Usando varias facetas, Jon pudo explorar temas tradicionales como el perdón de los pecados, pero también resaltar la cruz y la resurrección como una victoria sobre los poderes y conectarlas con las realidades de los congoleños.

Juan Shorack está involucrado con el ministerio en el barrio marginado donde vive en Venezuela. Pasó gran parte de su tiempo comprometido con un ministerio integral, trabajando para la transformación del barrio. Él llamó apasionadamente a otros cristianos a unírsele como discípulos radicales de Jesús. Sin embargo, su evangelismo estaba desconectado del resto de su ministerio: presentó la cruz como una transacción legal. Observó que esto producía sentimientos gozosos y de alivio en las personas que recibían el perdón de sus pecados; pero que no había una conexión directa con el señorío de Dios, el discipulado radical y el compromiso con la misión transformadora de la iglesia. Luego de leer algunos libros que promovían el uso de la diversidad completa de la enseñanza del Nuevo Testamento acerca de la cruz, se abrieron nuevas posibilidades.[7] Esto le permitió desarrollar presentaciones sobre la salvación a través de la cruz que están íntegramente relacionadas con la vida de su iglesia, en el camino de la cruz, en un vecindario pobre. Ahora está trabajando con líderes de la Iglesia venezolana para cambiar su antigua teoría de la redención por imágenes que les dan poder, y al mismo tiempo les da una visión mejorada de cómo una relación con el Dios que los perdonó reorienta la vida de las personas. Juan está

---

7. Driver, *La obra redentora de Cristo y la misión de la iglesia*; Baker y Green, *Recovering the Scandal of the Cross*.

convencido de que cuantas más facetas de la joya del evangelio usemos, lo más rico será nuestra adoración, y la conexión más fuerte es la que habrá entre la cruz, el discipulado y la ética.

Que las diversas presentaciones de este libro acerca de cómo la vida, la muerte y la resurrección de Jesús brindan salvación, te den herramientas que producirán más historias como estas.

MUCHO MÁS QUE UNA CRUZ

2

IMAGINANDO ALTERNATIVAS
Marcos Baker

¿Tuvo Dios que castigar a Jesús para que nos pudiera perdonar? ¿Es la cruz acaso un castigo que aplaca a Dios, que satisface las demandas de la justicia y que le permite por eso perdonar con toda justicia? Si durante los primeros quince años de mi ministerio se me hubieran planteado estas preguntas, yo hubiera respondido "Sí, Dios castigó a Jesús y con eso se canceló la deuda que le debíamos a Dios". No obstante, a lo largo de, al menos, los primeros mil años de la historia de la iglesia, la mayoría de los cristianos respondían de manera diferente. En el siglo III, Orígenes, partiendo del versículo bíblico que asegura que Jesús fue el rescate por muchos (Mt 20:28), hizo la pregunta: "¿A quién se le pagó esa deuda?" y las palabras que escribió a continuación fueron: "Con toda seguridad, no a Dios". Lo que fue tan obvio para mí, y todavía lo sigue siendo para muchos, no lo fue para Orígenes. En realidad, parecía que era obvio para Orígenes y para otros que tal no podía haber sido el caso. Para ellos era claro que la cruz no se proponía aplacar a Dios. La razón por la que comparto este ejemplo de perspectivas que contrastan entre sí es resaltar que a lo largo de la historia de la iglesia se han dado diferentes explicaciones dominantes acerca de la cruz. Yo espero que esta información abra para ti una puerta tan franca como la abrió para mí.

Yo nunca me había planteado el interrogante que presenté en el capítulo anterior: "¿Cuáles son los rasgos positivos y negativos de la explicación de la satisfacción penal de la cruz?". Nunca la había evaluado porque esa era la única explicación que yo conocía. No había ninguna otra alternativa con la cual compararla. Con el tiempo llegué a saber que no solamente se habían ya dado diferentes explicaciones, sino que la mía era relativamente reciente. Ese descubrimiento abrió un nuevo espacio que me permitía comparar y evaluar. El propósito de este libro no es explorar este asunto en profundidad como para aportar las bases bíblicas para una crítica de la teoría de la satisfacción penal. Para ello, basta con referirnos al excelente trabajo de Juan Driver, *La obra redentora de Cristo y la misión de la iglesia*.[1] Mi objetivo en las siguientes tres secciones es brindar algunos aportes para ayudarte a ver que hay argumentos sólidos para explicaciones alternativas acerca de la cruz. Es mi oración que también para ti se abran nuevos espacios que te permitan hacer lo que hice: comparar y evaluar.

Explicaciones alternativas de la cruz en la historia de la iglesia

Un primer paso hacia poder imaginar esta posibilidad puede ser reconocer que, a lo largo de varios siglos, los cristianos predicaron y enseñaron el mensaje del cristianismo sin llegar a la conclusión inescapable de la satisfacción penal. El enfoque de esa enseñanza primitiva era que la vida, muerte y resurrección de Jesús había conquistado al maligno, la muerte y el pecado. Jesús nos había rescatado mediante su triunfo sobre las fuerzas del mal. Resulta digno de mención recalcar que los cristianos ortodoxos de Oriente todavía leen sus Biblias sin que encuentren en esos textos la teoría de la satisfacción penal. Frederica Matthews-Green, escribiendo desde una perspectiva ortodoxa, afirma que con muy pocas excepciones los autores cristianos antes de Anselmo, en el siglo XI, creían que Dios, en

---

1. Juan Driver, *La obra redentora de Cristo y la misión de la iglesia,* Nueva Creación, Buenos Aires, 1994; ver además, Mark D. Baker y Joel B. Green, *Recovering the Scandal of the Cross: Atonement in New Testament and Contemporary Contexts*, 2da. ed., IVP Academic, Downers Grove, Ill, 2011.

realidad, nos perdonó libremente y sin rodeos como el padre del hijo pródigo. Matthews-Green se pregunta:

> ¿Acaso los cristianos entendieron erróneamente su salvación a lo largo de mil años? ¿Sería que Pablo escribió sus cartas sin tener la menor idea de lo que estaba hablando? ¿Murieron los mártires de la era primitiva sin entender la cruz que los había salvado? Antes de Anselmo, el problema al que se refiere la salvación parece estar localizado dentro de nosotros. La muerte nos ha infectado como resultado de la caída de Adán. Esta infección produce en nosotros enfermedad espiritual que nos lleva a cometer pecado... Cristo ofrece rescate... Con Anselmo, el problema de la salvación es entre nosotros y Dios (tenemos una deuda que no podemos pagar). Después de Anselmo, el problema se formula a veces como si estuviera *dentro* de Dios (su ira no se va a saciar hasta tanto la deuda sea pagada).[2]

Este atisbo a la historia y la teología de la Iglesia Ortodoxa nos llama a reconocer dos cosas. La primera, que la teoría de la satisfacción penal, con su imagen legal como rasgo único y fundacional, ha oscurecido el uso de otras imágenes. La segunda, que aunque algunos pueden leer sus Biblias y ver con claridad la teoría de la satisfacción penal en el texto sagrado, debemos admitir que muchos en la historia de la iglesia han escudriñado esos mismos textos y descubierto algo diferente.

---

2. Frederica Matthews-Green, "The Meaning of Christ´s Suffering", *Books & Culture 10*, no. 2 (Marzo-abril de 2004):29. Ver su contribución más adelante en este libro para conocer un ejemplo contemporáneo de la proclamación de la cruz desde esta perspectiva.

Desarrollo histórico de la teoría de la satisfacción penal

Los elementos de lo que hoy llamamos la teoría de la satisfacción penal estuvieron presentes en los trabajos de teólogos en los primeros siglos. Sin embargo, no fue sino hasta el siglo XI que Anselmo de Canterbury desarrolló una coherente teoría de la satisfacción. En su libro *Cur Deus Homo* (¿Por qué Dios se hizo hombre?) Anselmo buscó responder la pregunta del título de su libro no por medio de alguna terminología bíblica, sino tomando en préstamo conceptos e imágenes del mundo medieval de señores y vasallos. En ese contexto, si un vasallo no cumplía los requisitos de un juramento, debía ofrecer algo para satisfacer al señor ofendido; se consideraba que no era apropiado de un señor que no demandara compensación de un vasallo culpable o no se vengara de otro señor que de algún modo lo hubiera ofendido.

Anselmo afirma que hemos deshonrado profundamente a Dios a través de nuestro pecado y que tenemos una deuda enorme con él. Somos incapaces de darle a Dios la satisfacción apropiada, y no sería conveniente ni honorable para Dios perdonarnos sin recibir alguna compensación para satisfacer la deuda contraída contra su propio honor. Una persona sin pecado, sin embargo, estaría libre de deudas y podría pagarla. Según Anselmo, el deudor tendría que ser humano, ya que se trata de una deuda humana, pero tendría que ser más que humano para hacer una satisfacción total y hacerlo para toda la humanidad. Por lo tanto, Jesucristo, que es divino y humano, y libre de deudas, podía ofrecer, a través de su muerte, la satisfacción necesaria para reconciliar a los pecadores con Dios.

Anselmo merece nuestro elogio por buscar una imagen fácilmente entendible en su contexto. Eso es precisamente lo que este libro promueve. Sin embargo, podríamos decir que Anselmo llega a enfatizar de manera un tanto desmesurada algunos rasgos sobresalientes de su contexto. Permitió que su experiencia de vida medieval, su lógica y sabiduría convencionales ejercieran una influencia abrumadora en la configuración de su explicación de la cruz. Es decir, Anselmo no solo se valió de las categorías que su sociedad feudal le ofrecía (el ejemplo de señores y vasallos) para *ilustrar la deuda que le debemos a Dios*, sino que, de hecho, permitió que los conceptos medievales de honor *definieran cómo Dios debería actuar*. Cuando escribe que Dios no puede simplemente perdonar nuestro pecado, Anselmo deriva su conclusión no de las Escrituras, sino de las convenciones sociales de su tiempo. Después de todo, Jesús declara que el Hijo del Hombre tiene autoridad para perdonar pecados, y que es capaz de ejercer esa autoridad sin requerir restitución o sacrificio (por ejemplo, Mr 2:1-12). La falta de comportamiento apropiado en un señor feudal que simplemente ignora o perdona la deuda de un vasallo no está sancionada en las páginas de las Escrituras, sino en las normas sociales de su época.

El mayor problema en relación con la teoría de la satisfacción, sin embargo, no es Anselmo, sino aquellos que vinieron después de él, quienes privaron su presentación de su atuendo medieval. Estos intérpretes de Anselmo, quizás inconscientemente, tomaron de él ciertas ideas centrales y agregaron términos legales e ideas provenientes de sus propios tiempos —ajenos a los de Anselmo— y luego presentaron como resultado la satisfacción penal como la explicación bíblica de la cruz. El cambio de las obligaciones feudales a la ley penal alteró notablemente la forma en que se entendió el carácter de la satisfacción que Cristo proporcionó. Anselmo no presentó un Dios iracundo castigando a Cristo en nuestro lugar; más bien, Cristo satisfizo o pagó una deuda que debíamos. No obstante, en los sistemas occidentales de justicia penal, la "satisfacción" tiene que ver con el arresto y castigo de los culpables. Por lo tanto, en este contexto, Cristo no paga una deuda que los humanos le debemos a Dios sino que lleva el castigo de Dios contra el pecado humano. Este cambio en el marco legal señala las principales diferencias entre la teoría de la satisfacción de Anselmo y la teoría de la satisfacción penal. Podemos observar este cambio en Calvino. Por ejemplo, el reformador ginebrino escribe: "Dios en su calidad de juez está enojado con nosotros. Por lo tanto, una expiación debe intervenir para que Cristo como sacerdote pueda obtener el favor de Dios para nosotros y apaciguar su ira" (*Instituciones* 2.15.6). Además, los intérpretes posteriores a Anselmo, a diferencia de este, no presentaron sus explicaciones como parábolas, sino que expusieron la teoría de satisfacción como verdad proposicional: el lenguaje ya no fue "la cruz es como..."; sino que más bien fue "la cruz es...".

Como observamos en el capítulo uno, el Nuevo Testamento ofrece una imagen legal. Pablo escribe sobre nuestra justificación a través de la cruz, y que Dios manifiesta su justicia a través de la cruz. Entonces, ¿cómo puedo decir que fue un error mezclar la teoría de satisfacción de Anselmo y la sala de un juzgado si hay metáforas legales en la Biblia? No es un problema usar una imagen legal para proclamar nuestra salvación a través de la cruz. El problema es: ¿qué juzgado está moldeando la imagen legal? ¿El que Pablo tenía en mente o uno de nuestro contexto?

¿Cómo es que la cruz exhibe la justicia de Dios?
La respuesta depende de la sala del juzgado en la que se encuentre[3]

De acuerdo con la teoría de satisfacción penal, Dios tenía que castigar a los pecadores —o a Jesús en su lugar— para ser un Dios justo; en las palabras de Pablo: "Para manifestar su justicia" (Ro 3:25). Entonces, muchos piensan que Pablo estuvo pensando de igual manera a lo que hoy llamamos la teoría de sustitución penal. Pero las preguntas claves son: ¿Qué tipo de justicia? y ¿Qué significa que Dios es un Dios

---
3. Algunos párrafos en esta sección han sido tomados de mi comentario sobre Gálatas. Ver Marcos Baker, *Gálatas, Comentario Bíblico Hispanoamericano*, Ediciones Kairos, Buenos Aires, 2014, pp. 102-8.

justo? De acuerdo con el concepto jurídico occidental, la justicia es un conjunto de normas o criterios que usamos para estimar si una persona es justa o no. En nuestros sistemas legales el papel del juez es evaluar objetivamente, de acuerdo con las leyes del país, si una persona es inocente o culpable. En casos criminales siempre hay alguien afectado por el crimen, pero el asunto central es la posición de uno ante la ley; el enfoque no está en la restitución del perjudicado, sino en adjudicarle la culpa a alguien. El punto primordial no es la reconciliación ni la satisfacción del perjudicado sino la satisfacción de una entidad abstracta —la justicia— que sobrevuela sobre nosotros. Como a veces se dice, "deben satisfacerse las demandas de la ley". Al individuo se le considera inocente o culpable, justo o injusto, dependiendo de la medida que se tenga al ser comparado con un ideal o código abstracto.

Entonces, viendo por la lente jurídica occidental de la justicia, Dios es justo porque Dios hace lo que exige la ley. ¿Qué vemos si leemos Romanos 3:21-26 a través de este lente? La cruz demuestra que Dios es justo porque castiga el pecado como lo exige la ley. Dios castiga a Jesús en nuestro lugar y esto satisface las demandas de la justicia. A través de la lente de este concepto actual de justicia, Romanos 3 afirma claramente una explicación de la satisfacción penal de la cruz. ¿Pero Pablo estuvo pensando en la justicia en esa manera? Veamos ahora que sería la justicia desde una perspectiva hebrea.

Pablo fue formado en una cultura hebrea y vivió su vida influenciado por las escrituras de los hebreos, lo que nosotros designamos como el Antiguo Testamento. El concepto de justicia de los hebreos era muy diferente porque tenía un fundamento relacional. Al individuo se lo consideraba justo o injusto de acuerdo a si cumplía sus pactos, acuerdos, deberes, y responsabilidades con otros. Era imposible para los judíos concebir a alguien como justo "a solas", independientemente de otros. Lo importante no era cumplir las normas abstractas de moralidad sino ser fiel a los acuerdos que se habían asumido con otros.

Hay textos en la Biblia que muestran claramente que los judíos tenían un concepto de justicia radicalmente diferente del concepto jurídico. Por ejemplo, en un salmo, David clama a Dios: "¡Respóndeme por tu verdad, por tu justicia! No entres en juicio con tu siervo porque no se justificará delante de ti ningún ser humano" (Sl 143:1-2 RVR). Imaginemos que una persona hoy, en nuestro contexto, en medio de su juicio en el juzgado admite que es culpable pero no quiere ir a la cárcel.

¿A qué va a apelar, al sentido de justicia del juez o a su sentido de misericordia? Si después de admitir su culpabilidad, uno pide que el juez actúe con justicia uno estaría, en realidad, pidiéndole que le mande a la cárcel. Sin embargo eso es exactamente lo que hace David. Admite que es culpable, pero le pide a Dios que responda con justicia. El concepto de justicia de David incluye un fuerte énfasis en la fidelidad. En otras palabras, admite que él no ha sido fiel a sus promesas o pacto con Dios pero le pide a Dios que siga siendo fiel a sus promesas a David.

Vemos algo muy similar en Daniel 9:4-19. Daniel empieza su oración afirmando que Dios es justo, Dios ha sido fiel al pacto; sin embargo, el pueblo de Israel no lo ha sido.

> "Señor, Dios grande y terrible, que cumples tu pacto de fidelidad con los que te aman y obedecen tus mandamientos: Hemos pecado y hecho lo malo; hemos sido malvados y rebeldes; nos hemos apartado de tus mandamientos y de tus leyes. No hemos prestado atención a tus siervos los profetas, que en tu nombre hablaron a nuestros reyes y príncipes, a nuestros antepasados y a todos los habitantes de la tierra. Tú, Señor, eres justo. Nosotros, en cambio, somos motivo de vergüenza en este día" (9:5-7).

Daniel reconoce que Dios ha sido justo al dejar que Israel sufra las consecuencias contempladas en la ley de Moisés por no cumplir el pacto (12-14). Pero al final de la oración Daniel clama no sólo por la misericordia de Dios, sino también por su justicia. Él dice: "Señor y Dios nuestro, que con mano poderosa sacaste de Egipto a tu pueblo y te has hecho famoso, como hoy podemos ver: ¡Hemos pecado; hemos hecho lo malo! Aparta tu ira y tu furor de Jerusalén, como corresponde a tus actos de justicia" (15-16). De acuerdo con el entendimiento hebraico de justicia, en el contexto de un pacto Dios tenía derecho de castigar a Israel por no cumplirlo, pero también era visto como algo justo de parte de Dios cumplir con su parte en la alianza y ser fiel a Israel, perdonarlo y restaurar la relación aun cuando Israel no había sido fiel a ese pacto.

Veamos un ejemplo más. Antes de que un ángel le dijera lo contrario, José naturalmente asumió que María tuvo relaciones sexuales con otro hombre. Según la ley, ella debía ser apedreada (Dt 22: 23-24). Mateo escribe que debido a que José era un "hombre justo", en lugar de exponerla públicamente iba a divorciarse de ella en secreto (Mt 1:19). Claramente, Mateo está usando el término "justo" para referirse a algo más que seguir estrictamente el código legal. Por profunda lealtad y respeto hacia María, José buscó una forma de eludir la ley, rectificar la situación y salvarla. Mateo consideró esto como una acción justa, una declaración ilógica desde una perspectiva jurídica occidental, pero una que tiene perfecto sentido desde la perspectiva relacional de una comprensión hebraica de la justicia. José estaba siendo leal, fiel a su compromiso con María.

Estos tres ejemplos bíblicos muestran un entendimiento y uso de las palabras "justicia" y "justo" muy diferente al concepto de esas palabras en nuestros sistemas judiciales de hoy. Sin embargo, en América Latina todavía se las usa ocasionalmente con un sentido relacional tal como el de los hebreos del Antiguo Testamento. Por ejemplo si alguien dice "Mi jefe es muy justo", no quiere sólo decir que el jefe cumple las leyes del código laboral del país; más bien se indica que el jefe le trata bien, cumple con sus promesas, y le paga lo que uno merece.

Obviamente, el concepto de justicia de los hebreos incluye

sus leyes. El contraste no es entre una justicia con leyes o normas y otra sin ellas. La diferencia está en el fundamento relacional y en el contexto relacional de las leyes de los hebreos. Dios dio la ley en el contexto de su pacto con Israel. En contraste con nuestro concepto de ley como un estándar abstracto, el concepto de ellos era relacional en el sentido que Dios les dio la ley no para que se usara como norma para premiar o castigar al individuo, sino como "la expresión de la intención divina para las relaciones en la comunidad redimida". Como observa Juan Driver, la ley era relacional en el sentido que presuponía una relación de pacto entre Dios y el individuo, y en el sentido que incluía medios para "el arrepentimiento humano y el perdón gratuito de Dios".[4]

Tanto en el contexto jurídico de hoy en día como en el contexto relacional del Antiguo Testamento, la palabra justicia tiene sus nexos en términos como "ley" y "castigo". Sin embargo, en el Antiguo Testamento muchas veces la justicia de Dios se vincula con palabras como fidelidad, misericordia, y salvación.[5] Relacionar dichas palabras con justicia no tiene sentido si pensamos en la justicia de Dios de acuerdo con el concepto jurídico de justicia. Desde la perspectiva hebrea de justicia diríamos que Dios es justo porque es totalmente fiel a sus promesas y a los pactos que ha hecho. Entonces Dios, siendo justo, va a encontrar alguna manera de redimir a las naciones a través de los judíos. Su compromiso no es cumplir con criterios abstractos, su compromiso es ser fiel a sus pactos y a su pueblo. De manera similar, Dios consideraría justo a un judío si vive con quienes hacen parte del pueblo de Dios de una manera que demuestra fidelidad al pacto con Dios.

Entendido desde la perspectiva hebraica relacional, el verbo "justificar" incluye un sentido de enderezar o restaurar relaciones que han sido torcidas o rotas. En el Antiguo Testamento, Dios proporcionó un sistema de sacrificios para restaurar y enderezar las relaciones entre Dios y su pueblo.

---
4. Juan Driver, *La obra redentora de Cristo y la misión de la iglesia*, p. 34.
5. Por ejemplo: Sl 40:9-11; 98:1-3; Is 45:20-25; 51:4-8.

De acuerdo con el sistema legal occidental, el acto de castigo es la esencia misma de "hacer justicia": castigar, según la ley, es hacer justicia. Por el contrario, en el enfoque hebraico, el castigo puede tener su lugar pero se aplica como un medio para crear justicia; el castigo contribuye a arreglar, rectificar una situación. Un juez hebraico no sería tenido por tal si simplemente castigara; más bien, debería trabajar por la restitución y la restauración de las relaciones. Dios juzga, disciplina y castiga para restaurar y volver a una situación correcta o justa.

Ahora, con todo esto en mente, volvamos a nuestra pregunta central: ¿cómo muestra la cruz que Dios es justo? De acuerdo con un entendimiento hebraico de la justicia, Dios es justo porque guarda los compromisos del pacto. ¿Qué vemos si leemos Romanos 3:21-26 a través de esta lente? La cruz demuestra que Dios es justo porque, a través de la cruz, cumple su promesa de proporcionar la salvación, de rectificar lo que se ha salido de su cauce. Tal como Pablo lo aclara, todos hemos pecado o hemos fallado en nuestras relaciones con Dios y con los demás (Ro 3:23). Jesús, sin embargo, fue obediente, fiel y justo en cada punto y en todos los sentidos en que hemos fallado; fiel incluso hasta el punto de la muerte. Pablo proclama que no somos justificados por nuestras acciones, sino por la gracia de Dios a través de las acciones fieles de Jesús (Ga 2:16, Ro. 3:24-26). Por lo tanto, en contraste con nuestra incapacidad de ser justos, Dios demuestra ser justo al ser fiel al compromiso del pacto de Dios de bendecir y salvar a Israel, y salvar a otros a través de ellos.[6] Por lo tanto, es posible afirmar la imagen legal de la cruz y, al mismo tiempo, afirmar que Dios no tuvo que castigar a Jesús para poder perdonar de manera justa. Podemos afirmar plenamente la perspectiva de Pablo sobre

---

6. Uno podría cuestionar aclarando que aunque Pablo escribía desde una perspectiva hebraica él se estaba dirigiendo a un contexto grecorromano. En verdad, las dos fueron culturas de honor-vergüenza. El elemento relacional era notable incluso en la legislación grecorromana. Había un fuerte sentido de obligaciones hacia los demás y en un sentido de veredicto público: ¿los demás piensan que eres justo? Así entonces, no solamente el trasfondo hebraico de Pablo contrasta con nuestra lectura legal occidental del texto, sino que también lo hace su contexto cultural romano y helénico. Hubo mucho más interconexiones entre esas dos culturas que la que existe entre la nuestra y Roma.

la justicia de Dios y también negar la lógica de la teoría de la satisfacción penal de la cruz.[7]

Una nota importante: mi énfasis en la imagen legal relacionada con la cruz no se debe a que esa sea la imagen más importante que debe controlar a todas las demás. No. Este libro está completamente comprometido en sostener un relato fundamental de la cruz que permita el uso de todas las imágenes, todas las facetas de la joya del evangelio. Me he quedado un buen tiempo en esta imagen porque es la central en la teoría de la satisfacción penal. Por lo tanto, ser capaz de pensar esa imagen de manera diferente es de vital importancia.

Pero la Biblia dice...

Espero que estas páginas te hayan abierto la posibilidad de considerar otras explicaciones de la cruz más allá de la teoría de la satisfacción penal. También me imagino que en este punto pudiste haber encontrado útil la lectura alternativa de Romanos 3, pero inmediatamente pudiste haber comenzado a pensar en otros textos bíblicos que parecen afirmar la satisfacción penal. En este libro no estudiaré todos esos textos para demostrar lecturas alternativas. Una vez más, quiero llamar su atención al excelente libro de Juan Driver y a otros libros que profundizan mucho más en este asunto.[8] Sin embargo, examinaré un texto

---

7. En esta sección nos hemos enfocado en la pregunta "¿Qué significa que Dios es un Dios justo?". También, con relación al texto en Romanos, es importante explorar qué significa para Pablo decir que somos justificados. Tiene un significado muy diferente comprenderlo a través de la lente hebraica que desde la del sistema jurídico occidental. Para una mayor exploración en este tema: Marcos Baker, ¡Basta de religión! Cómo construir comunidades de gracia y libertad, Ediciones Kairós, Buenos Aires, 2005, pp. 179–190. Marcos Baker, Gálatas, Comentario Bíblico Iberoamericano, pp. 100–108.

8. Driver, La obra redentora de Cristo y la misión de la iglesia; Baker y Green, Recovering the Scandal of the Cross; Michael J. Gorman, Death of the Messiah and the Birth of the New Covenant: A (Not so) New Model of the Atonement, Cascade Books, Eugene, OR, 2014; N. T. Wright, The Day the Revolution Began: Reconsidering the Meaning of Jesus's Crucifixion, HarperOne, San Francisco, 2016; Darrin W. Snyder Belousek, Atonement, Justice, and Peace: The Message of the Cross and the Mission of the Church, Eerdmans, Grand Rapids, MI, 2011.

bíblico más como una manera de invitarte a imaginar que así como hay diferentes formas de leer este texto, hay diferentes maneras de leer otros textos bíblicos que parecen afirmar la teoría de la satisfacción penal.

Un estudiante en clase me dijo: "Quiero estar de acuerdo con lo que estás diciendo, pero estaba leyendo Romanos y allí es claro y sencillo: 'la paga del pecado es la muerte' (6:23). Ahí estamos ante la satisfacción penal. ¿Cómo puedes decir que la cruz no es una pena máxima por nuestros pecados que Dios exige?". El estudiante no podría imaginar otra interpretación posible del texto.

Sin embargo, hay otras formas de leer ese versículo. Primero, tenemos opciones para describir a quien nos imaginamos como el pagador, el que hace el pago de la muerte. La satisfacción penal muestra a Dios entregando este pago. Uno podría fácilmente imaginar a Satanás administrando la muerte. O también podríamos imaginar al pecado mismo pagando el salario de la muerte. Estos dos últimos proporcionan imágenes de la cruz bastante diferentes de las que la teoría de la satisfacción penal quiere presentar. Segundo, podemos imaginar que el pago se realiza de diferentes maneras. La teoría de la satisfacción penal tendería a verlo como un castigo dado por un juez (Dios) en respuesta a una vida condenable. Alternativamente, podríamos leer este versículo diciendo que una vida pecaminosa causa la muerte. Es lo que el pecado paga, aquello a lo que conduce. El pecado da la muerte, el regalo de Dios es la vida. En esta última imagen, la muerte es una consecuencia integrada de la vida pecaminosa misma. Nuestro pecado lleva a la muerte. Jesús entra en nuestro mundo y vive de una manera que lo hace sufrir la última consecuencia del pecado (muerte, rechazo) en nuestro lugar, no porque Dios haya exigido ese castigo para ser apaciguado, sino porque eso es lo que causa nuestra alienación, aquello a lo que conduce. Pero el don de Dios, la respuesta de Dios, es vida, perdón.

Afirmando el significado salvífico de la cruz

Para muchas personas "cruz", "redención", "satisfacción penal", "evangelio", "sustitución penal", son palabras diferentes que se refieren a una misma cosa: la explicación del evangelio que di en el capítulo anterior y que rotulé como teoría de la satisfacción penal. Por lo tanto, criticar la satisfacción penal podría lucir como si estuviera descartando no solo una explicación de la cruz, sino todo su mensaje. Eso es exactamente lo contrario de lo que este libro pretende hacer. El objetivo es tener más cruz, no menos; más Jesús, no menos. Para aquellos que pueden sentirse confundidos o inseguros, permítanme aclarar con algunas declaraciones de afirmación, y luego postular brevemente algunos puntos críticos.

Lo que afirmo

Afirmo que la muerte sustitutiva de Jesús en la cruz fue necesaria para nuestra salvación. Jesús sufrió el juicio final del pecado para que nosotros no tuviéramos que hacerlo. Él hizo por nosotros algo que no podíamos hacer por nosotros mismos.

Afirmo que Dios trabajó a través de la muerte y resurrección de Jesús para reconciliar al mundo consigo mismo, perdonando, liberando de la culpa, liberando de la vergüenza, empoderando con el Espíritu Santo, triunfando sobre la muerte y los poderes del mal.

Afirmo que esto demanda y requiere una respuesta individual.

Yo afirmo que el trabajo de Dios a través de la cruz es más rico y profundo que cualquiera de nuestras explicaciones al respecto. Por lo tanto, yo abogo por seguir el Nuevo Testamento usando una diversidad de imágenes y metáforas para proclamar el significado salvífico de la cruz y la resurrección. Oro para que, a través de mis escritos, los evangelistas contemporáneos sean aún más efectivos en la comunicación del mensaje multifacético de la cruz y para que más personas experimenten el amor transformador de Dios y sean llamadas al discipulado.

Lo que critico

Critico que se presente cualquier teoría o imagen de cruz como si fuese la única explicación de la cruz.

No creo que la Biblia enseñe que Dios necesitaba ser aplacado para poder perdonar, que Dios tenía que castigar a Jesús para poder perdonar y entablar así una relación con nosotros. Critico las presentaciones de la cruz que comunican eso.

Afirmo que a Dios le ofende el pecado y la injusticia y que Dios juzga y castiga, pero entiendo que la justicia de Dios funciona fundamentalmente para restaurar y rectificar. Critico las explicaciones de la cruz que muestran a un Dios obligado a castigar como venganza o recompensa.

Una palabra para diferentes clases de lectores y lectoras

Reconozco que quienes se acercan a este libro lo hacen desde diferentes perspectivas acerca de la cruz. Por lo tanto, permítame identificar cinco puntos diferentes en toda una gama para decirte cómo imagino que los lectores y las lectoras de cada uno de esos grupos podrían valerse de este libro.

Enseñanza y predicación sin la cruz

Algunas personas han reaccionado tan fuertemente a las imágenes de la teoría de la satisfacción penal que han optado por dejar la cruz fuera de su enseñanza y predicación. Para algunos, esto es explícito e intencional. Para otros, no es que afirmen que han optado por un cristianismo sin la cruz, sino que simplemente carecen del lenguaje o de imágenes alternativas. Podrían enfocarse en la cruz como un modelo de no violencia para imitar pero no para hablar de su significado salvífico. Si bien puedo compartir algunas de sus críticas a la satisfacción penal, considero que esta respuesta es problemática. Espero que los ejemplos concretos de imágenes de la cruz distantes de la teoría de la satisfacción penal que desarrollamos en este libro puedan ayudar a quienes hoy en día no predican ni enseñan el significado salvífico de la cruz a concebir imágenes y formas que puedan motivarlos a hacerlo.

Los que buscan alternativas a la satisfacción penal

Otro punto en esta gama lo ocupan quienes han decidido no solo que la teoría de la satisfacción penal no es la única explicación correcta de la cruz, sino que también tiene problemas importantes y no compagina muy bien con la enseñanza bíblica sobre la salvación. Aunque los que están en esta posición tienen claridad sobre su crítica, no tienen claridad sobre las alternativas. Preguntan: "¿Qué predico ahora? ¿Qué historia puedo contar para explicar la cruz a los jóvenes? ¿Cómo describo el significado salvador de la cruz en una conversación evangelística?". Este libro brindará ejemplos de alternativas, y así ayudará a las personas en este momento a ir más allá del punto actual de saber lo que no quieren hacer en la medida en que sepan con qué reemplazarlo.

Los que buscan ayuda para contextualizar la cruz

Las personas en esta posición pueden estar inciertas en su evaluación de la teoría de la satisfacción penal, pero están convencidas de la importancia de buscar y desarrollar diversas perspectivas que conecten y desafíen a las personas en un contexto determinado. Reconocen que al día de hoy las explicaciones tradicionales de satisfacción penal no hacen eco adecuadamente ni desafían a todos los contextos. Por lo tanto, son lectores y lectoras que están ansiosos por trabajar en relatos alternativos. Este libro contiene presentaciones de una variedad de contextos, incluyendo algunas que abordan el tema de la vergüenza y, por lo tanto, espero que quienes se sientan que están aquí reciban el aliento necesario para seguir en sus esfuerzos por contextualizar la cruz.

Los que buscan alternativas además de la teoría de la satisfacción penal

Quienes se identifican con este tópico coinciden en que la satisfacción penal no es el único retrato correcto de cómo salva la cruz. A diferencia del segundo grupo, sin embargo, este grupo no rechaza la satisfacción penal.[9] Hans Boersma es un ejemplo de esta posición. Al escribir sobre un libro del que soy coautor, afirma: "Green y Baker son útiles cuando llaman la atención sobre las nociones de vergüenza y honor que deben complementar las de la culpa y la justicia; y hacemos bien en aprender de su comprensión de las diferentes voces en el coro del Nuevo Testamento que componen una delicada armonía de 'maravillosas pistas de melodías poderosas que compiten con

---

9. Así como las lectoras y los lectores de este libro se encuentran en diferentes puntos en el espectro, de igual manera no todos los que contribuyen con sus artículos necesariamente comparten conmigo el punto del espectro en el que me encuentro. Algunos pueden estar en este islote (el cuarto), o en el anterior.

contramelodías'".¹⁰ Luego reconoce que si solo se escucha el canto de la satisfacción penal, los efectos son negativos y, por lo tanto, le da la bienvenida a otras voces que se agregan al coro. En contraste con la segunda posición, sin embargo, él quiere que la voz de la satisfacción penal continúe sonando en el conjunto. Para quienes están en esta posición, confío en que este libro les brinde ayuda para enriquecer al coro.

Satisfacción penal solamente

Para continuar la metáfora del canto, sé que algunas personas no ven la necesidad de un coro. Para ellos, el solista de la satisfacción penal es suficiente. Aunque el libro está dirigido a aquellos que buscan un coro, no solo a un solista, todos son bienvenidos a escuchar a los varios "cantantes" en el libro. Mi esperanza es que para algunos en esta posición, leer las presentaciones alternativas les ayude a ver el valor de tener un coro, es decir, el valor de usar una variedad de metáforas de la cruz.

El resto del libro

Estos primeros dos capítulos han sido de instrucción bíblica y teológica. Ahora pasamos de la explicación a la proclamación. En lugar del tipo de discurso que uno encuentra en un aula de teología, los capítulos que siguen se centran en comunicar el significado salvífico de la vida, muerte y resurrección de Jesús de maneras que sea relevante para la gente en su vida cotidiana. Eso no quiere decir que la teología se detiene aquí. El

---

10. Hans Boersma, "The Disappearance of Punishment: Metaphors, Models, and the Meaning of the Atonement", *Books & Culture*, Marzo abril (2003):32. Boersma cita la página 110 de *Recovering the Scandal of the Cross*.

resto del libro es bíblico y teológico, pero con el propósito de la proclamación. Lo que resta no es un análisis de la joya multifacética del evangelio, sino que capitulo tras capítulo usará diferentes facetas de esa joya para comunicar el poder transformador del evangelio en diferentes contextos.

Al armar este libro no busqué presentaciones que usaran diferentes imágenes para comunicar una sola explicación particular de la cruz. Más bien busqué personas provenientes de una variedad de trasfondos teológicos y contextos de vida que se valieron de historias e imágenes para resaltar diferentes aspectos del significado salvífico de la cruz y la resurrección. Algunos explícitamente usan textos bíblicos en sus presentaciones; otros no lo hacen. Todos, sin embargo, son bíblicos en el sentido de que son fieles al mensaje de los apóstoles del Nuevo Testamento. Al igual que los escritores bíblicos, buscan conectarse y desafiar a su audiencia. La introducción a cada capítulo ubicará la presentación en un lugar. Al final de cada capítulo he agregado reflexiones teológicas y misionológicas sobre la presentación ofrecida.

Aunque el libro contiene una diversidad de presentaciones sobre la cruz y la resurrección, se mantiene el enfoque centrado en su impacto salvífico. Sin embargo, este enfoque no implica que nuestra predicación, enseñanza y conversación sobre la cruz y la resurrección deba limitarse a la salvación. De hecho, mi esperanza es que las imágenes del evangelio de la cruz en este libro ayuden a las comunidades cristianas a ver la relación entre la cruz, la resurrección y el discipulado más claramente que cuando miran a la cruz únicamente a través de la lente de la satisfacción penal. En realidad, muchos hilos se entrelazan en la cruz: nuestra salvación, un llamado al discipulado, un ejemplo a seguir, la exhortación pastoral, la esperanza, etc. Los hilos no pueden, y no deberían, aislarse entre sí. Este libro se centra en el hilo de la salvación en el tapiz de la cruz y la resurrección, pero otros hilos del tapiz también serán evidentes en las presentaciones que siguen.

Espero que los siguientes capítulos sean un catalizador

para promover el pensamiento creativo sobre la comunicación de la cruz hoy. Oro para que este libro ayude a todos los lectores en la tarea de articular el significado salvífico de la cruz y la resurrección, y que el Espíritu de Dios use estas presentaciones para dar a cada lector una conciencia más profunda de la profundidad y amplitud del trabajo salvador del cruz y la resurrección de maneras que enriquezcan, consuelen, desafíen y conduzcan a una respuesta de alabanza y adoración.

3

UNA NARRATIVA FUNDAMENTAL: UNA PARÁBOLA
Marcos Baker

En los capítulos anteriores defendí el uso de la diversidad completa de imágenes bíblicas para proclamar el significado salvífico de la vida, muerte y resurrección de Jesús. También advertí contra el uso de cualquier imagen o teoría como la única explicación para la cruz. Sin embargo, creo que es útil articular un relato fundamental que respalde la diversidad de las facetas de la joya del evangelio.

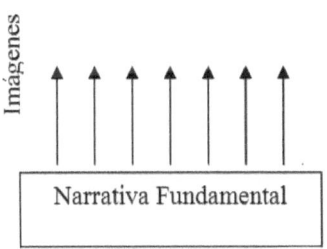

La mayoría de los capítulos de este libro presentan una o dos imágenes (flechas, en el diagrama). Este capítulo expone un relato fundamental. El relato es diferente a una teoría. Una teoría se centra en explicar lógicamente el mecanismo de salvación y produce un paquete ordenado. Una narración, por su parte, sigue el flujo de la vida, lo que sucedió. Por un lado, no busca explicar todo siguiendo una lógica estricta. Por el otro, brinda la oportunidad a una gran variedad de ideas e interpretaciones.

En lugar de desarrollar una teoría acerca de los mecanismos de cómo la cruz y la resurrección proveen salvación y luego construir un relato que sustente esta teoría, procuro que la vida de Jesús nos muestre el camino para entender la cruz y la resurrección. El resultado es una narración fundamental que utilizo en las clases del seminario donde enseño. Es un capítulo en mi libro *Centrado en Jesús*.[1] Mientras trabajaba en ese relato fundamental, y enseñaba también en una clase de la escuela dominical para adolescentes de doce y trece años, me dije a mí mismo: "Seguro que este es un gran documento que será de gran ayuda para los estudiantes de seminario, pero ¿su clase de la Escuela Dominical se interesará en un documento tan extenso? ¿Lo entenderían?". Asumí entonces el reto de volver a escribir la narración en forma de parábola. La presenté a esos adolescentes. En los siguientes años he presentado otras versiones de la parábola a otros grupos, adaptándola al contexto.

La forma del relato fundamental que aparece en *Centrado en Jesús* es apta para el aula de teología; es más explícito, tiene más detalles, más explicaciones y análisis. Sin embargo, como dije en el capítulo anterior, los capítulos de este libro no provienen de un contexto académico. ¡Disfruta, pues, la parábola! Mientras la lees, piensa en sus puntos de contacto con la vida de Jesús y la variedad de facetas de la joya del evangelio que se incluye en esta historia.

Narré la versión de la parábola que sigue en un barrio marginado que tuvo sus orígenes como un asentamiento irregular —o pueblo nuevo— en Tegucigalpa, Honduras. Incluí al final las preguntas que utilicé para reflexionar grupalmente luego de contarla.

---

1. Marcos Baker, "Dos narrativas fundamentales de la cruz", en *Centrado en Jesús: teología contextual,* JuanUno1 Ediciones, Buenos Aires, 2017, pp. 95–114.

Una familia vivía en una gran hacienda cerca de una ciudad pequeña. Ellos tenían ganado, cultivos de maíz y frijoles, y había árboles frutales. Con el tiempo, la ciudad creció. La hacienda ahora estaba en la periferia de la ciudad. La familia vendió una gran parte de su terreno para desarrollar proyectos urbanísticos. Los nuevos dueños construyeron muchas casas en los lotes que la familia había puesto en venta y las vendieron a personas de la clase media. Con el dinero, el padre de la familia empezó un negocio. También hizo una piscina y una cancha de baloncesto y futbolito para que sus hijos e hijas pudieran divertirse con sus amigos.

Pasaron los años. Las hijas y los hijos terminaron sus estudios. Se casaron, fueron a vivir en otros lugares. La esposa del dueño de lo que fue una gran hacienda murió. Todavía tenían ganado en la otra parte de su terreno, pero en realidad no lo usaban en su totalidad. La ciudad seguía creciendo. Gente muy pobre emigraba del campo a la ciudad buscando mejores opciones de vida. Sucedió que un grupo considerable de personas sin casas se tomó una gran parte de ese terreno vacío y construyeron sus pequeñas casas. Entonces, a un lado de la casa original de esta historia había una colonia de clase media; en el otro, una colonia de personas marginadas y pobres; como cualquier ciudad de Latinoamérica. El dueño de lo que antes fue una hacienda no protestó contra la invasión de su terreno. Más bien, trabajó con la alcaldía para legalizar los terrenos para los nuevos residentes.

Ese propietario no se sentía mal por tener ahora menos terreno; al contrario, se sentía mal porque lo que poseía estaba sin uso. La cancha y la piscina vacías solo se usaban cuando sus nietos lo visitaban de vez en cuando. Se conmovió por los jóvenes que vivían a su lado pues no tenían espacio para divertirse como lo habían tenido sus hijos e hijas.

Decidió entonces invitarlos a disfrutar de su cancha y piscina. El hombre colocó carteles en los dos barrios contiguos a su casa anunciando que estaba abriendo su piscina y cancha para el uso de los jóvenes que vivían a su lado.

Aunque la bienvenida no tuvo restricciones, limitó algunas actividades. Puso un letrero en el portón de su casa dándoles la bienvenida a jóvenes de los dos barrios. También estableció que no deberían nadar solos y que debían conformar equipos para que cuando hubiera demasiada gente pudieran rotarse el uso de la cancha y así todos tuvieran la oportunidad de jugar. Finalmente, el letrero invitaba a los jóvenes a que visitaran al propietario. Muchos comenzaron a usar la cancha y la piscina, y algunos hasta se animaron y se sentaban con él en su patio a tomar un refresco y hablar un rato.

Al viejo le encantaba sentarse en su patio viendo a otros divertirse en su propiedad. Con el paso de los meses, sin embargo, se sintió confundido y preocupado. Los jóvenes raramente se detenían para visitarlo, y observó que aunque la mayoría de los que venían a jugar y nadar se quedaban por horas, otros se iban tan pronto llegaban. Con el paso del tiempo parecía que un número cada vez menor de muchachos iban a jugar y a nadar. Para los meses de vacaciones que se avecinaban el propietario invitó a su nieto David, un adolescente que vivía en una ciudad diferente, a pasar un tiempo en los dos barrios para invitar a otros jóvenes a nadar y usar la cancha.

David pasó su primer día visitando las dos colonias, invitando a los que encontró a pasar el rato en la cancha de su abuelo. Las respuestas de la muchachada lo confundieron. Algunos murmuraron: "Tal vez", mientras otros movían los pies, apartaban la mirada y decían algo así como: "No, ya no voy a ir allá". Lo más sorprendente fue cuando alguien dijo sin rodeos: "¡Ni loco voy por allá! Hay demasiadas reglas". David comentó con incredulidad, "¿Qué quieres decir? Solo hay algunas pautas en el letrero". El adolescente explicó: "Bueno, el problema no es el letrero de tu abuelo. El lío está con lo que la *barra* dice que significa ese cartel. Ni que fuera una cuadrilla.

¡Hasta le han agregado reglas! Por ejemplo, antes todos jugábamos fútbol o baloncesto, pero ahora ese grupito dice que solo los mejores pueden jugar; punto".

Alguien más agregó: "Sí, el letrero dice 'no nades solo', entonces los de la *barra* dicen: 'Mira, ahí dice «*nadar*»; si no sabes cómo nadar no puedes usar la piscina'". Una chica más joven agregó de inmediato: "También dicen que hay que tener un traje de baño. Si no, no se puede entrar a la piscina. Ellos, los de ese grupo dicen: '¡No queremos que nos vean en la misma piscina con gente pobre en pantalones cortos y camisetas!'". Otro muchacho dijo con amargura: "A veces ni siquiera disimulan que se trate de reglas. Solo dicen, 'salgan de aquí; no se permite la chusma'".

Para David, lo que había escuchado ya era suficiente. Era claro que un grupo de jóvenes estaba inventando reglas para excluir a quienes no estaban en su grupo e insultar y avergonzar a los demás. Eran los del barrio de clase media que excluían no solo a los pobres, sino también a los jóvenes de su propio vecindario.

Al día siguiente, David fue a la piscina para pasar tiempo ahí con la gente. Al principio pensó que los muchachos con los que había hablado el día anterior habían exagerado el problema. Aunque los jóvenes de la piscina no eran tan amigables como quisiera, no parecían tan malos. De hecho, cuando les dijo que era el nieto del dueño, le dijeron cosas muy bonitas sobre su abuelo y le dijeron a David cuánto apreciaban que su abuelo les permitiera usar la cancha y piscina.

Después de nadar con algunos otros, David se unió a los que jugaban fútbol. Todo iba bien hasta que un adolescente, más o menos de su edad, vino y preguntó si podía unirse al juego. Uno de los jugadores lo insultó: "Vos no podés dominar bien la pelota, mejor andá a tu casa y hacé tus tareas".

El muchacho señaló a David y replicó: "¿Por qué lo dejas jugar? Él no es parte de tu grupo". El otro que lo había insultado le dijo: "Porque es un buen jugador".

Otro joven también esperaba para jugar. Mientras tanto, jugaba con una pelota. Por la manera en que dominaba la pelota era obvio que era buen jugador. Pero a él tampoco le dejaron jugar. Uno del grupo le dijo: "Es mejor que te vayas para tu casa. ¿De verdad crees que vamos a dejar que nos vean jugando con alguien con esas zapatillas baratas? Cómprate unos *Nike* y tal vez te dejemos jugar con nosotros". De repente, David se preguntó cómo lo hubieran tratado esos muchachos si él no hubiese sido un buen jugador, o si no hubiera estado luciendo los *Nike* nuevos que su abuelo le había regalado en Navidad. Ahora ya no dudaba de las quejas que había escuchado el día anterior.

Esa noche, David le contó a su abuelo todo lo que había escuchado en las calles y lo que había sucedido en la piscina y la cancha. Al muchacho le dio tristeza ver la expresión dolorida de su abuelo mientras escuchaba el relato. David le dijo a su abuelo que cuando habló con el chico que había sido insultado y se le negó la oportunidad de jugar, le dijo enojado: "Dile a tu abuelo que debe darles una lección a esos otros echándolos como ellos hicieron con nosotros".

El abuelo suspiró. "Los entiendo. Entiendo a los que les encanta la sensación de venganza si les prohíbo a los de esa *barra* que entren a mi propiedad. Pero echarlos de aquí destruiría el espíritu del lugar. En realidad, creo que eso dejaría las cosas tal como están ahora, solo que con un grupo diferente excluido. No, David, no necesitamos castigar a ese grupo. Si no cambian, tarde o temprano se verán perjudicados por las mismas reglas y presiones que se han inventado para estar bien, las mismas que están usando contra otros en este momento. La humillación y la exclusión serán para ellos justo cuando humillan y excluyen a otros...". David interrumpió: "¿Cómo sería eso a no ser que tú mismo vayas y los eches?".

Su abuelo respondió: "Tal vez si miras las cosas de una

manera diferente lo podrás entender mejor. Si todos aceptaran a los demás y los incluyeran en sus juegos, nadie debería preocuparse porque no lo respetan o porque no encaja. Pero ese grupo ha establecido límites entre los de adentro y afuera, entre los buenos jugadores de fútbol y los malos jugadores, entre los que tienen dinero y los que no. Una vez que se trazan esas líneas, incluso los que las dibujaron deben estar a toda hora angustiados por permanecer en el lado que ellos consideran correcto. Varios de ellos deben estar en este mismo momento sufriendo por sus propias reglas. Esta misma noche, algunos probablemente estén preocupados por si aparecen más jugadores o mejores jugadores, ya que serán expulsados del juego. Otros saben que si no tienen suficiente dinero para comprarse nuevos trajes de baño y *Nike* cada año, podrían ser ridiculizados. Y todos deben estar preguntándose si son aceptados por los demás por lo que realmente son, o solo por su vestimenta y habilidades. Entonces, no necesitamos aumentar su castigo. Si se apegan a sus reglas, tarde o temprano esas mismas reglas los expulsarán de la propiedad".

Su abuelo se detuvo por un momento y luego dijo: "Lo que debemos hacer es advertirles y tratar de mostrarles una forma de vida diferente. Quiero que vuelvas mañana a los dos vecindarios e invites a los jóvenes que han sido excluidos a venir a la piscina y la cancha contigo. Los chicos de la *barra* que al parecer es la más popular no los van a incluir, en cambio tú sí puedes. Pero estate atento. Probablemente habrá una confrontación. Por eso es importante que vivas la regla fundamental de este lugar tanto en tus palabras como en tus acciones. Hay que estar abierto a que todos lo usen y lo compartan, y eso incluye también a los que quieren quedarse con todo. No trates de sacarlos de la cancha ni nada por el estilo. En cambio, adviérteles lo que acabo de decir".

Cuando David se presentó al día siguiente con algunos de los muchachos, todos los cuales habían sido —por una razón u otra— insultados y rechazados por la *barra* dominante, notó que los de este grupo lo miraban de manera diferente a como lo habían hecho el día anterior. Cuando comenzó a jugar en la piscina con las personas que había invitado, los que hasta entonces dominaban con reglas comenzaron a insultar no solo a los nuevos amigos de David, sino también al propio David.

Cada día durante esa semana David traía a algunos de los que habían sido excluidos para jugar con él y visitar a su abuelo. Aunque toda la preocupación estaba en hacerlos sentir lo más bienvenidos posible, no en molestar a los de la *barra* de los matones, cada día hubo inevitablemente un conflicto, ya fuese porque unos no querían que los demás jugaran en la cancha o simplemente porque sus insultos y las amenazas eran tan fuertes que la gente se iba. Cada vez que esto ocurría, David decía firmemente que la cancha y la piscina era para todos los jóvenes de ambas colonias, y luego les advertía que estarían mucho mejor si dejaban de espantar e insultar a los demás. Detener tal acción era la única manera de evitar ser excluidos e insultados.

Los bravucones, que se creían los más populares, se molestaban cada vez más con David. Sus reglas, amenazas y declaraciones despectivas no tenían con él el efecto que solían tener con los chicos más pobres. Querían echarlo de la propiedad pero temían que, si lo insultaban directamente, toda la gente que había traído reaccionara agresivamente en su defensa.

Los muchachos de la *barra* agresiva idearon un plan. Durante un par de días, comenzaron a incluir en sus juegos y en su grupo a algunos de los que habían excluido anteriormente. Luego levantaron muchos chismes sobre David acusándolo de arruinar el lugar para todos.

Una tarde, el grupo, comenzó una discusión con David cerca de la piscina. Entonces comenzaron a gritar: "¡David, fuera! ¡Fuera! ¡Lárgate David, fuera!". Lo señalaban a medida que gritaban más fuerte. Poco a poco, los que habían estado jugando con David, a quienes él había invitado, retrocedieron unos pasos, sintiéndose muy incómodos. Se acobardaron. Algunos de ellos incluso se unieron a los gritos en contra de David. Un miembro de los matones agarró un zapato y se lo tiró a David, gritando: "¡Salí de acá, y no vuelvas!". Alguien más le arrojó una botella que lo golpeó. Siguieron más zapatos, piedras y botellas que volaban por todos lados, y uno golpeó a David en un costado de la cabeza con tal fuerza que lo noqueó. Al llegar hasta el extremo en su agresión, la mayoría de los muchachos salieron apresuradamente; otros se marcharon con arrogancia, burlándose: "Apuesto a que ya no estará causando más problemas".

Después de que los prepotentes y casi todos los demás se habían ido, algunos de los jóvenes se acercaron cautelosamente, se arrodillaron junto a David y lo llevaron a la casa de su abuelo. Había recuperado la conciencia cuando llegaron a la puerta, pero gemía y no podía ponerse de pie sin apoyo. Su abuelo abrió la puerta, se quedó sin aliento y gritó: "¿Qué pasó?". Pero antes de que tuvieran la oportunidad de responder, él ya les estaba diciendo que pusieran a David en el auto. Mientras conducía al hospital, uno de los jóvenes le contó lo sucedido. En la sala de emergencias, el abuelo se sentó junto a la cama de su nieto; las lágrimas corrían por su rostro. Fue necesario que a David se le practicaran algunos puntos de sutura, se necesitaron muchas vendas, hubo que enyesar un brazo que presentaba una fractura, y tuvo que permanecer en el hospital por tres días.

Mientras estaba en el hospital, David y su abuelo hablaron mucho sobre lo que había pasado y sobre cómo deberían responder. Su abuelo escribió una breve carta dirigida a los muchachos de los dos sectores, que luego publicó en los letreros públicos de los dos barrios:

Para aquellos que lastimaron a mi nieto,

Ustedes han cometido un error trágico y han hecho algo horrible. Insultaron, hirieron y sacaron a patadas de la cancha y la piscina a la persona que tiene más derecho que todos a estar allí, a alguien de mi familia. Tal como yo lo deseaba, David quiso que todos se sintieran bienvenidos y que pudieran pasar un buen rato. Como él mismo se los dijo, las reglas que impusieron y sus insultos realmente llevaron al dolor y la exclusión. Pero fue David, no fueron ustedes, el que sufrió ese dolor y el excluido fue él, no ustedes. Todo esto puede terminar aquí. No tiene que haber más exclusión. Cualquier persona en la ciudad estaría de acuerdo en que ustedes merecen ser arrestados y que se les debe prohibir permanentemente el regreso a mi propiedad. Pero ese no es mi deseo. Yo los perdono, y David también los perdona. No vamos a ir a la policía a acusarlos formalmente. De lo que me doy cuenta es que oculto, debajo de toda su arrogancia, bravuconadas e irrespeto a los demás, no hay absolutamente nada de esa fuerza que quieren demostrar, sino que hay inseguridad y miedo. Nuestro perdón les da la oportunidad de comenzar de nuevo. Los invito a confiar en que mi deseo de que la propiedad sea un lugar de bienvenida e inclusión es lo mejor para ustedes, les invito a confiar en que esta es una mejor manera de disminuir sus inseguridades y temores, antes que hacer cosas que incluyan solo a algunos chicos, pero que avergüenzan y excluyen a otros. No hay nada que quiera más que mi propiedad sea un lugar en donde todos se sientan bienvenidos y aceptados, y eso incluye a cada uno de ustedes.

Las lesiones de David le impidieron salir a jugar y nadar en los pocos días de vacaciones que le quedaban antes de tener que regresar a su casa. Sin embargo, salió cojeando a los barrios para buscar a algunos de sus amigos. Como algunos de ellos se habían unido al grupo para expulsar a David, y el resto no lo había defendido, esperaban que David los ignorara o que, enojado, exigiera saber por qué lo habían atacado o no lo habían ayudado. Pero David los sorprendió: los saludó cálidamente. Mientras hablaban, él repitió lo que su abuelo había dicho en la nota: lo que la barra prepotente y los que se les habían unido, habían hecho era algo horrible; pero David y su abuelo los perdonaban. Todos ellos podían estar seguros de que su abuelo siempre los dejaría ir a su propiedad; no había razón para temerle. Y podrían buscar su perdón si cometieran otros errores allí en el futuro.

La mayoría de ellos se disculparon con David de una manera u otra, y una chica que se había unido a los matones cuando sus miembros comenzaron a incluirla, y que había apoyado enérgicamente la agresión a David, le pidió perdón sin ocultar su tristeza. Ella le dijo: "Me sentí atrapada. Era algo fuera de mi control; como si hubiera un poder que me empujaba". David estuvo de acuerdo con ella y le dijo que ese poder habría crecido aún más si él hubiera respondido de la misma manera, buscando venganza e insultando, acusando y tratando de excluir a los que lo habían avergonzado y herido.

David continuó explicando que esperaba que toda esta experiencia llevara a los de la *barra* excluyente a dejar de insultar y excluir a los demás, pero supuso que muchos de sus miembros seguirían haciendo lo mismo. David invitó a sus amigos, sin embargo, a pensar que ya había sufrido en su lugar el peor tipo de insultos y exclusiones que pudieran experimentar. Él les dijo: "Ya ven. Eso no me aplastó para siempre. Miren, estoy aquí otra vez, siendo aceptado por ustedes y compartiendo unos refrescos y nuestra amistad. Pueden tratar de ignorar sus insultos, como lo estoy haciendo. No tienen que dejar que los insultos y las reglas de ese grupo determinen lo que ustedes hacen o cómo se sienten ¡Vuelvan y disfruten de la piscina!".

Desde ese día, la cancha y la piscina fue un lugar diferente. La fea escena de insultos y agresiones a David, seguida de la nota indulgente del abuelo, pareció sacudir y transformar a algunos de los miembros del grupo agresor dejaron de preocuparse por su vestimenta y su habilidad en el fútbol. Además, dejaron de burlarse de los demás y, con mayor frecuencia, pasaban tiempo visitando al abuelo de David. Sin embargo, como predijo David, algunos de ellos no cambiaron. Siguieron insultando y riéndose de los demás, pero si hubieran sido lo suficientemente honestos como para admitirlo, hubieran confesado que estaban aún más inseguros de lo que habían estado antes, en parte porque sus palabras no parecían tener ya el mismo poder que solían tener.

Otros jóvenes, sin embargo, venían, jugaban, nadaban y parecían no verse afectados por los mismos insultos que antes los habían mantenido alejados. Sorprendentemente, sin lucir costosos calzados o trajes de baño de marcas de moda, no solo ignoraban los insultos sino que de vez en cuando invitaban a quienes los insultaban a unirse a un juego o a nadar juntos.

Preguntas para la reflexión

1. ¿Qué situaciones has visto o vivido que son similares a las de esta parábola?

2. ¿Cómo hubiera cambiado la historia si David y su abuelo hubieran buscado vengarse y denunciar a la muchachada?

3. Las parábolas son historias que apelan a lo que nos es familiar para ayudarnos a comprender lo que nos es menos conocido o más difícil de entender. En las parábolas, no todos los detalles de la historia coinciden exactamente con lo que

representa, pero existen grandes similitudes. Si pensamos en David como Jesús y el abuelo como Dios el Padre, ¿cómo nos ayuda esta historia a comprender cómo la vida de Jesús condujo a su muerte en la cruz? ¿Por qué fue crucificado?

4. Relacionando la parábola con la vida, la muerte y la resurrección de Jesús, ¿te da nuevas ideas sobre la cruz y la resurrección y por qué son tan importantes para los cristianos? Por favor comparte algunas de esas ideas con el grupo.

5. ¿Cuál fue la diferencia entre las reglas del abuelo y las reglas de los matones?

6. ¿En qué se parece el abuelo en la historia a la forma en que te imaginas a Dios?

7. ¿Cómo nos invitan la vida, la muerte y la resurrección de Jesús a vivir de manera diferente?

8. Piensa en los momentos más recientes en los que te has sentido excluido o humillado por otros. ¿Cómo puede la vida, la muerte y la resurrección de Jesús brindar ayuda en un momento como ese? (Puedes pensar, por ejemplo, qué hubo en lo que David tuvo que soportar que hizo que los jóvenes ya no se vieran tan afectados por los insultos y las burlas de los demás).

9. Piensa en la última vez que te has sentido culpable. ¿Cómo puede la vida, la muerte y la resurrección de Jesús brindar ayuda en un momento como ese?

10. Esta última pregunta es para tu reflexión. No la compartiremos con otros. David y su abuelo mostraron una actitud de bienvenida y aceptación y hablaron palabras de perdón, aliento y desafío a los jóvenes en la parábola. ¿Qué podría estar diciéndote Dios hoy?

◆ ──── • • ◆ • • ──── ◆

Confío en que esta parábola comunique varios elementos

teológicos y bíblicos con suficiente claridad como para que puedas adaptarla y usarla en tu propio contexto. Sin embargo, me gustaría hacer más explícita la idea detrás de uno de los elementos en la parábola debido a la forma en que difiere significativamente de las presentaciones comunes de satisfacción penal.

La parábola busca enraizar la cruz y la resurrección en la vida concreta de Jesús en la tierra en lugar de retratar a los perpetradores de la crucifixión como si involuntariamente hubieran estado jugando un papel en algo que tenía que suceder para que Dios ajustara nuestra situación legal en el cielo. Una de las maneras en que la parábola trata de lograrlo es haciendo que el perdón sea una parte central del drama real y no solo una acción habilitada por el drama de la cruz.

En la cruz, los humanos nos encontramos ante nuestra incredulidad y alienación. Dios experimentó el peor daño que nosotros estamos en capacidad de hacer. Jesús sufrió una muerte humillante y dolorosa, y Dios el Padre sufrió la pérdida de su hijo a través de ese vergonzoso medio de ejecución. Sin embargo, en esa cruz, Jesús oró: "Padre, perdónalos; porque no saben lo que hacen" (Lc 23:34). Cuando Jesús perdonó a los que lo crucificaron, los perdonó no solo por el acto específico de la crucifixión, sino también, y más profundamente, por aquellas actitudes y comportamientos que llevaron a la cruz. Él les perdonó su rechazo al Dios misericordioso revelado por Jesús y el rechazo de la humanidad verdadera modelada por Jesús. Dios, sin embargo, proporciona más que un decreto de perdón. El Jesús resucitado no regresó para arrasar con todo buscando venganza. En vez de avergonzar, regañar o repudiar a sus discípulos, el resucitado los abrazó y trabajó para restaurar la relación. Ellos después fueron y proclamaron el mensaje de perdón a otros en Jerusalén. Afirmaron claramente: "Ustedes crucificaron a Jesús", pero esa afirmación no estuvo acompañada de amenaza alguna, más bien fue una invitación al arrepentimiento y al perdón.[2]

---

2. Hechos 2:23, 36-37; 3:15.19; 4:10; 5:30-31. Llama la atención que cuando Esteban fue

Por supuesto, Dios ya había perdonado antes a personas, y Jesús ya había demostrado previamente una postura de perdón a sus discípulos y a otros; pero la profundidad de la ofensa en la cruz significa que el perdón de esa ofensa también llega hasta lo más hondo del pecado humano: Dios ha perdonado —y va a perdonar— lo peor que podemos hacer. Las oleadas poderosas de ese perdón se extienden hasta el siglo XXI y hacen que el perdón esté disponible para las personas por aquellos "actos de crucifixión" que puedan cometer; "actos de crucifixión" por cuanto rechazan a Dios, lastiman y pisotean a los demás, y rechazan su verdadera humanidad. A través de este acto de perdón, Dios elimina una barrera que se interpone entre los humanos y él.

Uno puede hacer lo que yo hice para comunicar las muchas facetas de la joya del evangelio a través de una parábola. Sin embargo, eso no es necesario, así como tampoco será necesario con lo que presentarán la mayoría de los capítulos de este libro. A lo que te animo es a hacer lo que hago en el próximo capítulo. Elige aquel aspecto de ese relato fundamental que se conecta mejor con el contexto específico y con su auditorio.

---

ejecutado, él siguió el ejemplo de Jesús y afirmó: "¡Señor, no les tomes en cuenta este pecado!" (Hechos 7:60). Es claro que los discípulos experimentaron el efecto transformador de la cruz y la resurrección en una forma que los llevó a rechazar los cálculos de retribución, tal como Jesús lo había hecho.

MUCHO MÁS QUE UNA CRUZ

4

PERDÓN EN LA PRISIÓN

Marcos Baker

Desde 2008 dirijo un estudio bíblico semanal en uno de los patios de la cárcel en Fresno, California. Lo que sigue es un ejemplo muy breve de proclamación del significado salvífico de la cruz. En efecto, es la explicación más breve de la cruz que he dado en mis años de servicio en la cárcel. Llevó tan solo un par de minutos exponerla.

Incluyo este breve capítulo en el libro por varias razones. Primero, para mostrar de manera concreta lo que escribí al final del capítulo anterior. En segundo lugar, no estoy proponiendo que desarrolles una larga narración fundamental de la cruz y la uses cada vez que debas hablar sobre ella. Más bien, el relato fundamental es como una caja de herramientas. Los diferentes aspectos de la historia son como herramientas diversas, que se aplican a diferentes situaciones según los propósitos que se consideren necesarios. Compartiré más razones sobre la inclusión de este breve capítulo, luego de la historia de estos pocos minutos en la cárcel.

Cada semana paso por un par de pesadas puertas de acero hacia un pasillo en el tercer piso de la cárcel. Allí estaba yo esperando en el pasillo mientras un guardia traía a los que querían asistir al estudio bíblico. Un hombre que estaba en una celda de detención me llamó. Me preguntó:

"¿Eres pastor? ¿Podrías orar por mí?". Él me explicó que le restaban sólo siete días en la cárcel, pero se había peleado con otro recluso. Oré por él y continuamos conversando a través de la rejilla de la puerta. Sabiendo que en cualquier momento vendría un guardia para sacarle y llevarle a otro piso, hice una oración en mi mente, pidiendo sabiduría para poder hablarle del evangelio. Consciente de que nos quedaba poco tiempo, le pregunté directamente: "¿Te sientes culpable?". Él respondió: "Sí". Le pregunté si él pensaba que Dios le podría perdonar, y respondió: "No sé". Comencé a hablarle de la cruz, que fue la peor cosa que los humanos pudieron haberle hecho a Dios, matando al Dios encarnado, matando al hijo Dios. "¿Has hecho algo tan malo como eso? ¿Cómo respondió Dios en la cruz?". Le conté algo que él no sabía, que en la cruz Jesús dijo "Padre, perdónalos". Le dije que en cualquier momento, si él dudaba de que Dios lo perdona, pensara en la cruz y las palabras de Jesús en la cruz. Luego le pregunté: "¿Te gustaría pedirle perdón a Dios?". Le dije que esa oración yo no la podría hacer por él. Él necesitaba confesar y pedir perdón a Dios. Cuando finalmente le pregunté si le gustaría orar ahora, vino un guardia y se lo llevó.

◆——— • ● ◆ ● • ———◆

En las primeras páginas del libro critiqué a los evangelistas que hablan sobre la culpa cada vez que comparten el evangelio. Esa parece ser la única arista de la joya del evangelio que quieren proclamar. He aquí la otra razón por la que incluyo la historia de la cárcel en el libro. Quiero dejar en claro que, a pesar de mi crítica, no es incorrecto hablar de la culpa. Más bien, el problema consiste en creer que la proclamación de la libertad de la culpa es el mensaje central de la cruz en todo tiempo y lugar.

Una tesis central de este libro es que el contexto importa. Cuando alguien está sintiendo culpa, por supuesto debes sacar de tu caja la herramienta para usar con la culpa. En ese momento oré por el interno y rápidamente hice un repaso de mi relato fundamental y seleccioné un aspecto que sentí que podía conectar con su realidad. El contexto importa. Hubiera perdido una oportunidad de establecer un vínculo con este hombre si hubiera hablado con él acerca de cómo la cruz y la resurrección fueron una victoria sobre el diablo y los espíritus malignos.

También incluyo esta historia para resaltar la diversidad dentro del libro; la diversidad de contextos, como acabo de mencionar, pero también la diversidad de contenido. Algunos capítulos son sermones cuidadosamente preparados y otros, como este, son respuestas espontáneas del momento. Se trata de diferentes herramientas utilizadas de diferentes maneras en diferentes contextos.

MUCHO MÁS QUE UNA CRUZ

5

SE LEVANTA EN VICTORIA
Frederica Mathewes-Green

Frederica Mathewes-Green abrazó la fe cristiana siendo una joven adulta, y unos veinte años más tarde se unió a la corriente oriental de la cristiandad, la Iglesia Ortodoxa. Como se señaló en el capítulo dos, la Iglesia Ortodoxa no ha adoptado la satisfacción penal para comprender la cruz de la forma en que lo hace la mayoría de la iglesia occidental. Este ejemplo contemporáneo de una presentación ortodoxa está directamente relacionado con las explicaciones e imágenes desarrolladas por los teólogos en los siglos segundo y tercero que proclamaron la cruz y la resurrección como una victoria sobre Satanás y la muerte.[1]

Jesús está de pie en las puertas del infierno que han sido desmenuzadas. Los portales enormes yacen cruzados, uno sobre otro, bajo sus pies; un recordatorio de la cruz que triunfó. Él se para erguido, como un superhéroe, con sus poderosos brazos extendidos levanta un gran peso. Ese peso son los mismos Adán y Eva, nuestro padre y nuestra madre en la carne caída. Jesús toma a Adán por la muñeca con su mano derecha, y a Eva con la izquierda, mientras los saca a la fuerza de las cajas de mármol esculpidas, que son sus tumbas. Eva se

---

1. Esta presentación es un extracto de un artículo publicado en "Rising Victorious", *Christianity and the Arts 5*, no. 1 (1998): 6-10.

sorprende y parece retroceder por la vergüenza, sus cabellos blancos fluyen a lo largo. Adán mira a Cristo con una expresión de admiración y asombro, el rostro arrugado por la edad y la larga barba enmarañada. Sus manos lánguidas descansan en el fuerte agarre de Jesús mientras los arrastra hacia la luz.

Detrás de Cristo, el rey David, el rey Salomón, el profeta Isaías y el profeta Jeremías están paradas con sus magníficas túnicas, agrupados cual si fueran una multitud en un salón que solo admite personas de pie para ver este maravilloso evento. Entre ellos hay un aire de alegría, incluso de convivencia. San Juan el Bautista está en la multitud, todavía vestido con piel de camello, dueño pleno, nuevamente, de su cabeza. Detrás de ellos hay filas y filas de los muertos justos que ya no están muertos, porque Cristo los ha liberado.

Debajo de los pies de Cristo hay un pozo negro que retrocede rebosante de fragmentos plateados de metal, cadenas, cerraduras y terribles instrumentos de dolor. Estos instrumentos están rotos y hechos añicos, y las cerraduras están desquiciadas, excepto un juego de ellas que todavía está intacto y en uso. Son las cerraduras que aprisionan el cuerpo de ese cruel y viejo Satanás, que hace muecas en su cautiverio, atado de pies y manos y arrojado a su propia oscuridad.

Cuando piensan en imágenes de la Resurrección, ¿en qué piensan? Probablemente no en esta descripción tradicional utilizada en la Iglesia Ortodoxa Oriental. En el Occidente, nuestra primera idea suele ser graciosa: las mujeres que habían caminado sombríamente hacia la tumba en un amanecer dominical nublado se mantienen inmóviles de asombro. Un ángel está sentado sobre una piedra redonda con una mano levantada en el aire.

La imagen transmite una sensación de silencio y la quietud de la respiración que se retiene cuando queda al descubierto el momento en torno al cual gira el mundo entero. Los colores palidecen. El rocío humedece el doblez de los vestidos de las mujeres y, por un momento, todo se queda quieto. Este cuadro de la tumba del jardín responde la pregunta al final de los tres días: "¿Quién quitó la piedra?". Pero hay otra pregunta: "¿A dónde se fue?".

"¿No sabías que debo dedicarme a los asuntos de mi Padre?". Jesús podría preguntarnos una vez más. En la tradición ortodoxa creemos que el significado central de la resurrección es la victoria. Por lo tanto, nuestra imagen tradicional es más vibrante y ruidosa, y suena con un grito victorioso. La resurrección es una victoria sobre el pecado, la muerte y el diablo, y una victoria sobre las fuerzas oscuras que nos esclavizan, nos desprecian y desean destruirnos. Por lo tanto, gritamos cientos de veces entre *Pascha* (Pascua) y Pentecostés: "Cristo ha resucitado de los muertos, pisoteando la muerte con la muerte, ¡y a aquellos que están en la tumba les otorga vida!".

Durante largos milenios, los justos quedaron atrapados en la guarida de Satanás. "Aunque todos obtuvieron un testimonio favorable mediante la fe, ninguno de ellos vio el cumplimiento de la promesa. Esto sucedió para que ellos no llegaran a la meta sin nosotros, pues Dios nos había preparado algo mejor" (Hebreos 11: 39-40). Incluso aquellos que no eran justos oyeron la voz de Cristo en la tumba: "Porque Cristo murió por los pecados una vez por todas, el justo por los injustos, a fin de llevarlos a ustedes a Dios. Él sufrió la muerte en su cuerpo, pero el Espíritu hizo que volviera a la vida. Por medio del Espíritu fue y predicó a los espíritus encarcelados, que en los tiempos antiguos, en los días de Noé, desobedecieron cuando Dios esperaba con paciencia mientras se construía el arca" (1 Pedro 3: 18-20). Fue a los espíritus en prisión a los que Jesús llegó para vencer al cruel carcelero y liberarlos.

Cuando fijamos nuestra atención en el relato bíblico de la resurrección encontramos que, al menos en Mateo, ese evento no es tan silencioso como lo sugiere nuestra imaginación. Cuando las mujeres llegan a la tumba hay un "gran terremoto" causado por el descenso de un ángel. "Su apariencia fue como un rayo", una imagen que tiene un éxito sorprendente porque no podemos visualizar lo que significa. Está vestido con túnicas blancas como la nieve, más blancas que cualquier tela de esa época.

El ángel aparta la piedra y, en un gesto final de autoridad, se sienta sobre ella. Ese gesto es definitivo. Los guardias aterrorizados, cuyo entrenamiento no había contemplado una situación de tal magnitud, están tan paralizados por el pánico que "parecen hombres muertos". Las mujeres no están menos asustadas, pero escuchan mientras el ángel les dice que no tengan miedo. Él les da instrucciones: "Vayan y díganles a los discípulos que se encuentren con Jesús en Galilea".

Al partir, "con temor y gran alegría", se encuentran con el Señor mismo, recién salido de su triunfo sobre la muerte. Cuando las mujeres caen a sus pies, él les repite el mensaje del ángel: "Vayan y díganles a mis hermanos que suban a Galilea".

Esta versión de la historia difiere de la del Evangelio de Marcos, la cual es desconcertante y aún más intrigante. Como Marcos dice, las mujeres van a ungir el cuerpo de Jesús, pero en cambio encuentran en la tumba "un joven sentado en el lado derecho, vestido con una larga túnica blanca". El joven les dice que Jesús ha resucitado y las anima a que se lo digan los discípulos. Sin embargo, en Marcos las mujeres están espantadas y huyen de la tumba. "Y no dijeron nada a nadie, porque tenían miedo". Las primeras versiones de este, el primer Evangelio, terminan abruptamente en este punto.

Hay una brecha extraña entre esa pequeña viñeta de miedo y retirada, y todo lo que viene después: el incansable coraje de los apóstoles que los lleva a aceptar incluso la muerte no es atribuible a los meros recuerdos de un gran tipo que los trató bien cuando estuvo vivo; la predicación del evangelio a través de la cuenca del Mediterráneo, las persecuciones y el martirio, el establecimiento y el ascenso de la iglesia.

Pero, en un momento fascinante, un puñado de mujeres que estaban demasiado asustadas para decírselo a alguien, escondieron la noticia de la resurrección de Cristo. Pero de que la contaron, la contaron, y la historia continuó hasta medio mundo de distancia y dos mil años más tarde suena con gran alegría. Cientos de veces en la temporada de *Pascha* cantaremos: "Cristo ha resucitado de los muertos, pisoteando la muerte con la muerte, ¡y a aquellos que están en la tumba les otorga vida!".

◆ —— • • ◆ • • —— ◆

Para quienes están acostumbrados a escuchar la cruz retratada como una transacción en la que el castigo de Jesús cumplió con los requisitos de justicia de Dios, las imágenes gráficas de triunfo y liberación de Mathewes-Green son sorprendentes en su drama y celebración de la victoria. Con facilidad, uno quiere unirse a otros gritando las palabras de alabanza: "¡Cristo resucitó de entre los muertos...!". Sin embargo, su enfoque para proclamar el significado salvador de la cruz y la resurrección en términos de un triunfo sobre Satanás y los poderes del pecado y la muerte no son nuevos. Los Evangelios muestran a Jesús en conflicto con los poderes del mal a lo largo de su ministerio; Pablo describe el pecado como un poder esclavizante (Ro 6:12, 14, 23, 7:14); y en numerosos lugares los escritores del Nuevo Testamento proclaman la importancia salvífica de la cruz y la resurrección haciendo uso de la motivación de una victoria sobre el conflicto planteado (Por ejemplo, Ga 4:3-9; Ef 1:19-22; 2:14-16; 3:7-13; 6:12; Flp 2:9-11; Col 1:13-14; 2:8-15;

1 Pe 3:18-22). El tema de *Christus Victor* fue la explicación más común de la cruz durante los primeros mil años de la iglesia.[2]

Algunas de las primeras teologías del tema de *Christus Victor* incluían demasiados detalles especulativos sobre cómo funciona la victoria (tal como retratar a Dios usando trucos para atrapar a Satanás con Jesús como cebo). Mathewes-Green sabiamente evita estos extremos y ofrece un modelo útil que otros pueden adaptar para usar en sus contextos.

---

2. Ver Juan Driver, *La obra redentora de Cristo y la misión de la iglesia*, pp. 41-46, 77-94, para conocer una vista panorámica y una evaluación de este abordaje.

6

EL JEFE PENITENCIARIO Y LA FUGA DE LA PRISIÓN
Chris Hoke

En el capítulo anterior, Frederica Mathewes-Green proclamó el poder salvador de la cruz como un triunfo liberador, tal como la Iglesia Ortodoxa lo ha venido haciendo a lo largo de los siglos. Otros han aprendido de esta mirada, han tomado prestadas algunas de sus categorías y las han contextualizado.

Chris Hoke, involucrado en el ministerio carcelario desde 2005, comparte un ejemplo de esa contextualización en el presente capítulo. Él vive y ejerce su ministerio en el valle Skagit del estado de Washington en Estados Unidos. Ese valle es un área agrícola, densamente poblado por latinos que trabajan la tierra.

Hoke recuerda que la mayoría de las historias de salvación que escuchaba cuando era joven tenían que ver con ser salvado del infierno. Es decir, librarse del castigo eterno que Dios había sentenciado en toda justicia para todos los pecadores. Hoke dice: "Mi llamado en la vida, sin embargo, siguiendo a Jesús, me ha llevado desde los suburbios a visitar, leer las Escrituras y orar con aquellos que *ya están viviendo una especie de infierno actual*, los que están en prisión. Miembros de pandillas, para ser más específicos. Ellos ya viven un escenario de separación, castigo, tormento y 'crujir de dientes'. A medida que sigo a Jesús en esas realidades, me ha sido revelado lentamente un evangelio más completo, uno que había sido afirmado antes por los íconos y las canciones de la iglesia primitiva y la manera en que en ella se leían las Escrituras".

Justo hace poco visité a un hombre que estaba en confinamiento solitario.[1] Fueron muchas semanas de intercambiar correos electrónicos con el personal de la prisión para obtener el permiso de ir a verlo. Dentro de esa área en la cárcel, que era como una mazmorra moderna subterránea, caminé por puertas automáticas grandes y pesadas, túneles sin ventanas, más puertas automáticas, guardias vigilantes en salas de control, carteles con letreros "suba por esas escaleras", "baje por esas escaleras" y luego hacia el sector de confinamiento solitario en donde al fin estaría con el prisionero.

Ahora voy caminando por cortinas de metal a lo largo de la fila de las puertas que sellan cada celda. El eco de los gritos retumba en todo o el espacio. No veo caras. No se logra ver a nadie, pero aquí están. Solitarios. Aislados. Solos, veintitrés horas al día, con una hora para moverse en una jaula algo más grande, ducharse y hacer una llamada rápida a pagar por el destinatario, si es que tienen a alguien que les acepte su llamada.

Me detengo en la puerta de la celda 229 y miro por la pequeña ventana. Veo a mi amigo Diego. Él no está esperando ninguna visita. Tiene puestos unos bóxer, la camisa rosa y unos calcetines que le proporcionan en la cárcel. Está de puntillas revisando sus dientes en un espejo rayado. La habitación a su alrededor es un pequeño molde de concreto, es una tumba.

Toco el vidrio a prueba de balas que cubre la ventanilla. Él gira rápidamente y mira dos veces hasta que me reconoce al ver mi cara en su ventana.

"¿Qué diablos...? ¿Chris?" Se sonríe, niega con la cabeza, se detiene. "Mier... ¿qué estás haciendo aquí?" Él no puede creerlo. Es como si alucinara.

A lo largo del año pasado intercambiamos muchas cartas mientras él estaba en otras cárceles. Incluso pude visitarlo en prisiones distantes que no tenían tanta seguridad como esta.

---

1. Refiere a un tipo de encierro carcelario en el que el preso se encuentra aislado.

Se acerca al cristal, nos ponemos cómodos aunque no hay sillas. Vamos a estar de pie durante la siguiente hora de conversación a través de una pared gruesa y de este vidrio espeso. En un gesto de cortesía, el tipo de la celda contigua deja de gritar números. "Así es como jugamos ajedrez", dice Diego. Me hago consciente de que una docena de personas que no puedo ver detrás de estas puertas que nos rodean, pueden escuchar nuestra conversación.

Diego está contento de que esté con él, pero me hace saber que también se siente incómodo. En visitas pasadas y en las cartas que intercambiamos hemos orado juntos y hasta llegó a una nueva fe cuando sintió que sus oraciones eran respondidas. Ahora, como decepcionado, encoge hombros y dice: "Ya no intento hablar con Dios. No es por faltarle el respeto, Chris", dice, "pero ya terminé con todo eso. Empiezo a orar. Trato de ser bueno... y mira todo lo que me sucede".

Sus problemas médicos han empeorado. Tiene un dolor en el abdomen del que no quiere hablar demasiado. Su novia lo dejó y le impide hablar por teléfono con sus hijos. Su madre murió. En la última prisión lo asaltaron y se defendió y gracias a eso está en confinamiento solitario; él está separado del resto del mundo. Literalmente, debajo de la tierra. Condenado. En otras palabras, en el infierno de nuestra sociedad hoy día.

"¿Por qué Dios me haría esta mierda, *Bro*?, ¿por qué Dios se llevaría a mi madre? En serio, después de todo ¿eso es lo que me hace? Ya estoy harto de ese pendejo".

Este es el contexto de casi todas las relaciones pastorales que he tenido con pandilleros y prisioneros durante los últimos trece años; ellos creen en la teología dominante de que Dios tiene el control del mundo, que "todo sucede por una razón". Es la creencia común de que Dios es el Gran Hombre, el Jefe. Así, todo el sufrimiento que han soportado como hijos de grupos minoritarios que crecen en contextos de hogares destruidos, calles violentas y sistemas escolares y judiciales injustos ha sido gracias a la voluntad de Dios; para Diego y las personas como él, todo es el resultado del plan de Dios, a pesar de sus oraciones más sentidas. Es un Dios frío y obsesionado con el control.

Creo que *no confiar* en ese tipo de Dios es una señal de salud tanto para Diego como para cualquier otra persona. La desconfianza de Diego hacia esa deidad fatalista es en realidad una apertura para hablar de Jesús. Me desespero más por aquellos que de todo corazón pueden amar a ese tal Dios-Jefe Penitenciario.

No solo son las personas fuera de la iglesia y la religión popular las que tienen esta imaginación oscura. Algunas corrientes en la teología occidental han enfatizado una comprensión pobre de la "soberanía divina"; predican que cada detalle de la realidad, cada evento diario que pueda parecer aleatorio o coincidencia, es la voluntad ordenada por Dios. Es un Dios que necesita y ejerce un control total sobre el mundo, un Dios que demanda "justicia" en la corte para condenar los delitos humanos, que diseña sistemas de castigos y recompensas, y puede confinar a las personas al pozo más vil de separación, como si fuera el jefe de la prisión.

Diego, como millones de otros, se siente profundamente alejado de ese Dios. Es un Dios que está en contra de Diego, castigándolo una y otra vez. Entonces Diego dice, respetuosamente, "no quiero ofenderte, pero ya no quiero relacionarme con ese Dios, ya no me cae bien él". Ya está en el infierno. Ya no intenta rebajarse para ganarse los favores de Jefe Penitenciario.

Tengo buenas noticias para él.

Dios no es el Jefe de la cárcel. "Creo que estás enojado con el Dios equivocado, *Bro*", le digo. "Dios no es el que tiene el control, el que te hace esto, o incluso 'permite' que sucedan estas cosas".

Diego está confundido. "Pero, o sea, él es DIOS, ¿verdad?", dice. "Él es todopoderoso y toda esa mierda, ¿o no?".

Hay ídolos e imágenes divinas a las que las personas les tienen una repulsión natural. Cuando las derribamos surgen de repente nuevas preguntas. Es ahí donde podemos hablar acerca de Jesús.

"Como cristianos", le digo, "creemos en algo verdaderamente único. Que Dios dio a conocer quién es él *realmente* para nosotros… vino a nosotros, a este mundo, como persona, a nuestro mismo nivel. Vino como Jesús".

"Y en Jesús, ¿qué es lo que vemos? Vemos un Dios que es humilde, amigo de los pobres y los marginados. Jesús perdona a los que el mundo quiere desechar. Él sana a los enfermos. Él no enseña la enfermedad como parte del plan de Dios. De ninguna manera. Él cambia la realidad".

Diego no asimila la diferencia.

"El dolor que has experimentado, la muerte de tu madre", le digo, "creo que rompe el corazón de Dios. Dios vino a nuestro mundo para sanar y deshacer tragedias así".

"¿Cómo lo sabes?" Diego desafía con honestidad. "¿Conoces el Padre Nuestro?", le pregunto.

"Un poco", contesta.

"Bien. Entonces, Jesús nos enseña primero a orar a Dios como Padre. No como a un juez o a un rey, ¿cierto? Entonces esta es la clave: 'Venga tu reino, hágase tu voluntad […] aquí en la tierra como en el cielo'".

"¡Ajá! Ya veo, eso es lo que se dice…" Diego, como la mayoría de nosotros, está tan acostumbrado a escuchar estas palabras tan conocidas que ya pierden su impacto básico.

"Si Jesús creía que Dios tenía el control de este mundo", le digo, "si creía que todo sucede de acuerdo con su voluntad, su oración sonaría totalmente diferente, algo así como, *gracias porque todo sucede de acuerdo con tu voluntad perfecta, ayúdanos a verlo y a aceptarlo, amén*. Pero la oración de Jesús es todo lo opuesto. Él nos enseña a invitar la voluntad de Dios, que es tan diferente de todo lo malo que vivimos, a que invada este mundo. Que entre. Que comience un nuevo orden".

Diego sonríe, pero no estoy seguro de que esté llegando todavía a sus propias profundidades.

"Estás enojado con un Dios-Jefe Penitenciario", le dije, acercándome a la ventana de la puerta. "Si hay un Dios así, Jefe carcelero en control de todo, yo también lo odiaría. ¡Tal vez más que tú!".

Diego parece preocupado, como si yo hubiera blasfemado hablando de esa manera del Gran Patrón, el MeroMero.[2]

"En realidad, en el Evangelio de Juan, Jesús habla sobre un gobernante de este mundo. ¿Y sabes quién es?"

"¿Quién?"

"Satanás, hermano".

"¡Mierda! ¡No jodás!" asiente y sonríe cautelosamente. "Eso es correcto". Esto le es familiar, lo ha oído antes.

"Jesús no es el Jefe de las cárceles. El otro, el verdadero Jefe Penitenciario, es el Enemigo de Dios. Jesús es más como el líder de una gran fuga. Está liderando una revuelta celestial, un nuevo barrio, para venir y crecer dentro de este mundo y derribar los muros".

Ahora Diego realmente está escuchando. Pero tal vez piensa que solo estoy siendo creativo, que, como pastor, solo trato de ganarme su confianza. Repaso, entonces, la historia del evangelio que tanto atesoramos como cristianos.

"Piensa en esto", le digo. "En Navidad, celebramos cómo Dios vino a este mundo: nació en una alcantarilla. En Jesús,

---

2. Modismo para referirse al que tiene el mayor poder, al jefe por sobre todos los jefes.

Dios se cuela en nuestro mundo como el bebé de una joven inmigrante y soltera. Él nació cuando ella y su novio estaban sin casa, en un granero o en una cueva en alguna aldea".

Esta escena describe una infancia muy parecida a la de la mayoría de los miembros de pandillas que conozco: padre y madre inmigrantes, que por lo general no es su padre biológico, pobres y, a menudo, en viviendas temporales. "Y de inmediato, el gobierno está tratando de matarlo, y buscan escaparse".

"¡Ah! Nunca pensé en la Navidad así".

"Luego pasa su edad adulta entre los que están en el fondo de la sociedad. La recluta para ser parte de su movimiento, de su *ekklesia*, o lo que llamamos iglesia".

"Correcto…".

"Y esto es lo que le dice a Pedro, a su *Bro*, al comienzo de su movimiento: *Sobre ti, Piedra, edificaré mi iglesia, y las puertas del Hades no podrán mantenernos afuera*" (Mateo 16:18).

"¿Hades?".

"Sí, como el infierno. O la muerte. Está diciendo que las puertas del infierno no pueden mantenernos alejados, *Bro*. Él es el movimiento del cielo no solo irrumpiendo en este mundo, sino derribando todos los muros de tormento, de muerte e incluso del mismo infierno. Todo para llegar a nosotros, para encontrarnos, porque su amor no se detiene. Eso es lo que está diciendo: ¡Las paredes de la muerte y el infierno del mundo no pueden mantenerme fuera! Así no se comporta un Jefe Penitenciario. Yahvé en el desierto desafiando al Faraón, Jesús anunciando la misma misión para 'liberar a los cautivos': este es un Dios que se va de frente en contra de las puertas y las barreras, no es él el que las crea".

Diego está ahora muy serio; es como si escuchara acerca de una religión completamente diferente de la que está hastiado; esto de lo que hablo es algo de lo que él quisiera ser parte; un Dios, sospecho, a quien él querría tenderle la mano.

Sacude la cabeza, mira hacia abajo. "No sé, Chris". Veo lágrimas, su nariz está enrojecida. "Hice muchas cosas malas, marica. Cuando mis hijos me visitaron hace un tiempo, estaban tan hermosos. Me preguntaron por qué tengo que quedarme aquí y no puedo irme a casa con ellos". Diego está conteniendo las lágrimas para que los demás internos no lo escuchen. "No podía mirarlos a los ojos, hermano. A veces me odio. No puedo orar. Creo que he hecho demasiado daño como para que Dios me escuche. La cagué, *Bro*".

Esta es la segunda y más profunda barrera para la reconciliación y la confianza con un Dios amoroso. Después de aclarar que Dios no es el responsable del mal que han sufrido, las personas sienten que ellas mismas han causado demasiado mal y creen que eso es lo que mantiene a Dios a la distancia. Al igual ocurre con todas las demás personas en sus vidas, se han alejado. Estas son las puertas más profundas del Hades alrededor del corazón de Diego.

Empiezo a hablar con más ternura. Siento tanto amor por este hombre que está roto en mil pedazos, en su bóxer rosa, encerrado en esta jaula de cemento, escuchando a través de la ventana.

"Dios no se deja enredar", ahora le quiero hablar a su corazón, "con todo el mal que hayamos hecho, como si por eso pudiéramos alejarlo".

Para mí, aquí es donde la historia de la cruz muestra cómo Jesús, finalmente, se abre camino hasta nosotros.

"Esa es la parte más importante de la vida de Jesús, *Bro*: ¡los humanos terminamos arrestándolo y matándolo! Lo desnudamos, lo escupimos y lo clavamos en una cruz. Le dimos la pena de muerte. Piénsalo: Dios vino a nosotros, nos amó y nosotros lo asesinamos. ¿Pueden los humanos hacer algo peor que eso?".

Diego se ríe y se limpia la nariz. "Eso es demasiada mierda, ¿eh?".

Yo también me río "Sí, lo es".

Mientras le hablo a Diego estoy redescubriendo el poder salvaje y simple de la cruz.

"Es por eso que la cruz es tan grande para nosotros los cristianos; estamos haciendo lo peor contra Dios, es la revelación radical de lo que realmente sucede entre nosotros y Dios, él no es el grandulón enojado al que debemos temer que nos haga daño; nosotros SOMOS los que estamos enojados, y matamos a Dios. Y él puede soportarlo".

"¿Qué quieres decir?".

"Él no nos tiene miedo. Jesús no huye de nosotros. Él no se siente ofendido o disgustado por nosotros, ni siquiera en nuestros peores momentos. El poder de Dios se ve en Jesús clavado en nuestra cruz desagradable, tomando nuestra violencia y nuestro pecado, sin apartarse de nosotros ni levantándose en nuestra contra. Él puede soportarlo, él es Dios. Su amor es poderoso, hermano. Más grande que nuestra peor mierda".

"Ah", suspira Diego pensando en lo que le digo.

"Jesús dejó que lo enterráramos con los muertos, con todos los demás cuerpos que tiramos a la basura. Él fue hasta nuestros infiernos y se metió entre las sombras que creamos para nosotros. Eso no es nada para él. Eso es lo que celebramos en la Pascua, la resurrección… ¿sabes lo que significa? Jesús vuelve de entre los muertos, regresa de lo que le hicimos. Aparta la enorme piedra, la barrera que ponemos entre nosotros y él. Nos perdona. ¿Ves? No podemos detener su amor todopoderoso. Las puertas del Hades no pueden mantener a Dios afuera".

Diego está en silencio.

"¿Recuerdas a Pedro y sus otros compinches? Ellos delataron a Jesús, lo traicionaron y lo dejaron ahí colgando. Cuando Jesús regresa de entre los muertos, va y los encuentra. Están escondidos, deprimidos, uno incluso se ahorcó por la culpa que sentía. Pero Jesús de alguna manera atraviesa sus puertas cerradas. 'Yo toco la puerta que hay entre nosotros'. Y él los *ama*, los abraza. Les dice: 'Paz. *Frescura*. No se afanen'" (Jn 20:19-23).

Diego sube el cuello de su camisa hasta su rostro, se limpia los ojos y mira hacia otro lado. Mira alrededor de su celda.

"Es ahí, viejo, cuando algo realmente se transforma dentro de sus discípulos", le digo en voz baja. "Ellos se dieron cuenta de que nada puede detener el amor de Jesús. Ni la traición, ni el abandono, ni siquiera la delación y la tortura. Nada. Esa experiencia del amor que conquista les dio a los discípulos un poder que nunca antes tuvieron. Se volvieron personas casi sin miedo. Ellos también comenzaron a sanar a otros, tal como Jesús lo había hecho. Ellos también transformaron las cosas. Comenzaron a hablar en contra del sistema violento. Fueron a otras ciudades y países y comenzaron a juntarse con personas con las que normalmente no deberían hablar. Comieron junto a ellas. Las llamaron sus hermanos y hermanas. Ya dejaron de darle importancia a las viejas reglas y tradiciones".

"Eso es una locura".

"Todas las paredes desaparecieron. Y Pedro, en sus viajes, terminó escribiendo una carta que todavía tenemos en el Nuevo Testamento. En esa carta, dice que cuando Jesús fue asesinado y enterrado, Jesús fue a 'todos los espíritus encarcelados'. Es como si él fuera a todos lo que han muerto en la historia. O al infierno. El infierno es como una cárcel para él. Pedro puede imaginarse a Jesús haciendo eso, porque él mismo lo experimentó. Cuando estaba en su infierno personal, cuando traicionó a Dios y Dios murió, y lo perdió todo, y se escondió en una habitación oscura y cerrada, Jesús lo encontró y lo abrazó" (1 Pe 3:18; 4:6).

"¿Algo así como yo aquí?", Diego se encogió de hombros. Nos quedamos quietos por un momento. Una ligera conciencia de que la historia que le estaba contando estaba ya sucediendo en esta unidad de confinamiento solitario empezó a tomar forma entre nosotros. A través de estas puertas cerradas, justo en el momento que Diego había renunciado por completo a Dios.

"No voy a mentir", dice Diego, y su rostro se relaja repentinamente, inocente: "Te quiero como un carajo, *Bro*".

En años pasados, habría desviado esto y reorientado su amor hacia Dios, no hacia mí. Pero estoy aprendiendo que como somos embajadores de la reconciliación de Dios, al convertirnos en el Cuerpo de Cristo, Jesús está encantado de ser amado por el mundo a través de nosotros, en nosotros. ¡Esto es lo que Jesús *quería*! ¡Él *nos puso* en estas! De esta manera, la Palabra, el mensaje, se vuelve carne, nuestra carne. Diego no responde con su mente a una historia religiosa de Jesús; su corazón se está reconciliando con Cristo allí en el punto donde ha sido encontrado. *Tenemos que encarnar lo que proclamamos*. Si yo no puedo reconocer eso, tampoco yo he recibido el mensaje.

Miro mi reloj y veo que se nos acaba el tiempo asignado. Le digo que lo amo también, y que estoy triste por tener que irme.

"Creo que", Diego se da vuelta y mira su celda de concreto, "hoy voy a intentar orar de nuevo. Pienso que podría aprovechar un poco de ese gran escape celestial aquí adentro".

Se toca el corazón.

Nos despedimos juntando los nudillos contra en la ventana. Mientras camino por el corredor digo en voz alta a todas las caras que no puedo ver: "Gracias a todos por permitirnos hablar por este tiempo". Hay silencio. No se escuchan gritos de números de ajedrez. Hay dulzura, hay vulnerabilidad en el aire. Las puertas gruñen mientras se abren.

◆ —— · ● ◆ ● · —— ◆

Para contextualizar bien, uno debe tener un conocimiento profundo de las Escrituras, la teología y el contexto. En esta conversación, Chris Hoke exhibe este conocimiento. Aunque nuestros textos de teología separan los temas teológicos en diferentes capítulos, su conversación con Diego ilustra la interrelación entre esos temas. Lo que uno piense acerca de Dios va a influir en la teología de la cruz que uno desarrolle, y viceversa. La sabiduría y la experiencia de Hoke son evidentes a medida que teje las ideas en esta conversación.

La naturaleza conversacional e interactiva de este capítulo acentúa el poder transformador viviente de la cruz y la resurrección de Jesucristo. Es un poder que no puede contenerse, sentimos que fluye línea tras línea. Hoke no es un comunicador pasivo de información. Al evangelizar, se reevangeliza a sí mismo, redescubriendo el poder salvaje y simple de la cruz. Parte de esto es, por supuesto, el propio Hoke, su apertura a Diego y al Espíritu de Jesús. Sin embargo, también fluye de la amplitud y profundidad del mensaje que proclama. En lugar del mensaje estrecho de la cruz de su juventud, uno situado en, y limitado por, una metáfora de un tribunal occidental, la proclamación de Hoke incluye la vida, la muerte y la resurrección de Jesús. Es una proclamación evangelística que contiene no solo el perdón, sino las semillas de la transformación, un salto a una nueva forma de vida exhibida en las experiencias de los discípulos.

7

CRISTO VENCEDOR ENTRE LOS MIXTECOS
Ana Thiessen

Ana Thiessen creció en Honduras, hija de misioneros. Ella y su esposo Roberto han servido como misioneros en Guerrero y Oaxaca, México, desde 1992. Antes de compartir ejemplos de la proclamación de la cruz e historias de su impacto, ella nos explica el contexto de su ministerio y así ilumina el por qué ella opta por enfocarse en Cristo vencedor como faceta del evangelio que proclama entre los mixtecos.

Durante su ministerio, Jesús demostró su poder sobre el pecado y también sobre el resultado de este: la tragedia humana. En algunas ocasiones hacía ver de frente a las personas algún pecado específico, como cuando le dijo al joven rico que dejara todo para seguirle, o cuando le dijo a la mujer adúltera que dejara de pecar. En otras ocasiones enfrentaba no a las personas, sino a los poderes espirituales que las oprimían, como cuando liberó al poseído por una legión de demonios. Al limpiar el templo en Jerusalén, Jesús confrontó todo un sistema religioso que alejaba a la gente de Dios. En todo caso, Jesús se mostraba victorioso sobre los poderes espirituales que gobiernan nuestro mundo.

Mi esposo y yo fuimos a vivir en un pueblo indígena en el sur de México. Algunas personas del pueblo nos cerraban sus puertas cuando nos veían pasar. Luego nos dimos cuenta de que lo hacían por temor. Los escuchamos llamarnos "diablos blancos". Pensaban que les dábamos pesadillas y el mal de ojo. Pensaban que nuestra brujería era tan fuerte como para matar a su sacerdote católico, quien murió de una enfermedad misteriosa. Su vida diaria era llena de temor de los espíritus malignos que controlaban todos los aspectos de sus vidas, porque nunca sabían cuando algún espíritu les haría alguna malicia. Era como vivir bajo un patrón abusivo. El temor gobernaba al pueblo. Necesitaban algo más fuerte que los rescatara de los poderes espirituales que los oprimían.

Los mixtecos sufrían muchas tragedias como la enfermedad, la cosecha perdida, y la muerte. Y cuando algo así les ocurría, buscaban al espíritu responsable. Podría ser un espíritu que habitaba una curva en la carretera, o un vecino celoso, o un extranjero en el pueblo. Todas las tragedias se podían explicar de tal manera, contradiciendo la forma aleatoria en que ocurrían. Era un pequeño consuelo poder identificar al enemigo.

Los espíritus afectaban todos los aspectos de la vida mixteca: nacimiento, cosecha, lluvia, enfermedad, y muerte. Tenían que ser apaciguados para evitar el mal. Por esta razón, la comunidad organizaba festivales, procesiones y sacrificios de animales para protegerse de todo tipo de mal. Creían que, si una parte de la comunidad dejaba de participar en estas actividades, les llegaría a todos un castigo. Todos tenían que participar para la seguridad de la comunidad. Todos daban de su parte por temor a los espíritus.

Los muchos brujos del pueblo cobraban para identificar las causas de las tragedias. Ofrecían purgas para limpiar el mal y evitar sus efectos. Procuraban cierta protección del mal. Las imágenes de la iglesia católica y sus rituales también ofrecían protección. Eran como un seguro contra las pérdidas que les llegaba como grupo marginal. Algunos brujos hacían hechizos en contra de los que habían provocado la pérdida, y así buscaban alguna forma de justicia a través de la venganza.

Los pueblos indígenas animistas del sur de México tienen un agudo sentido de justicia. Las ofensas pueden resultar en venganzas mortales que siguen por muchas generaciones. No se practica la reconciliación ni el perdón porque estos implicarían cierta debilidad y resultarían en una vergüenza para la familia afectada. En el 2014, desaparecieron cuarenta y tres estudiantes de profesorado en Guerrero, después de ser detenidos por la policía. Las protestas fueron severas y duraron mucho tiempo. El lema, que aún se ve sobre las paredes y los autobuses es "Sin perdón, sin olvido". Esta es la respuesta de un pueblo que no conoce el perdón de Jesús sobre la cruz.

En el pueblo mixteco donde llegamos había una iglesia evangélica recién establecida. Su nacimiento demuestra cómo el mensaje de la cruz de Cristo desarma los poderes espirituales que gobiernan muchas comunidades indígenas. Así como muchas iglesias indígenas en México, la iglesia en este pueblo fue establecida a través del testimonio de un migrante. Felipe había ido a trabajar a Baja California donde conoció a unos evangélicos. Aunque no entendía sus enseñanzas por no hablar bien el español, sí le llegó el mensaje a través de los cantos. Eran llenos de gozo y promesas de libertad y sanidad por el poder de Jesús. Felipe llevó este mensaje de poder a su pueblo, declarando: "Jesús es más poderoso que los espíritus. Él me sanó del alcoholismo. Él me llevó a conocer a Dios. Él escucha mis oraciones y me ama. Debemos acudir a él". Después de dos años de testificar, Felipe logró convertir a su cuñado Juan al evangelio.

Juan era autoridad del pueblo. Usó la bocina del pueblo para reunir a toda la gente en la plaza. Allí les predicó de Jesús y, sus enseñanzas, como las de Jesús, confrontaban en forma pública el sistema religioso de su pueblo dominado por los espíritus. Juan llamó a su pueblo a llevar un nuevo camino lejos de los espíritus. Decía "Todos saben que nuestro pueblo va por un camino lejos de Dios. Sentimos que Dios está lejos de nosotros. Pero hoy Dios nos llama a tomar un nuevo camino. Nos llama a regresar a él. Él nos protegerá de los espíritus que nos aterrorizan porque él es más fuerte que ellos y nos ama. Él nos traerá libertad del temor. Él nos dará como pueblo una esperanza que jamás hemos tenido. Le hablaremos directamente en oración, y él nos escuchará porque él ama al pueblo mixteco. Él será nuestro Dios, y nosotros seremos su pueblo".

La gente fue conmovida por las palabras de Juan. Él pidió que todos firmaran un acuerdo para seguir esta nueva fe, y estuvieron de acuerdo. Era la costumbre tomar tales decisiones en conjunto.

Pero dentro del grupo estaban aquellos que serían afectados por el evangelio, por ejemplo, los brujos, los que vendían alcohol, y los catequistas católicos. Ellos perderían algo por el cambio. Algunos de ellos reunieron dinero para pagar a un asesino para que matara a Juan. Cuentan que cuando Juan cayó al suelo, subió los brazos al cielo para clamar a Dios y para perdonar al asaltante.

Igual que Jesús, Juan desafió a los poderes espirituales y temporales de su comunidad y pagó con su vida. Lo que no entendió el pueblo es que la cruz de Cristo había cambiado el significado de la muerte para todos los evangélicos y, así, ellos podían hacer algo que no les enseñaba su cultura. Eso era enfrentar la muerte sin temor y sin venganza. Juan no pidió la venganza por su muerte. Su última oración fue, igual a la de Jesús, por el perdón de sus enemigos.

Después del martirio de Juan, un músico mixteco llamado Serafín Solano compuso un himno. Se nota en el himno la teología de la cruz: "La gente de mi pueblo dice que moriré, pero solamente Dios puede saber la fecha, y cuando me muera, allí estará Jesús para recibirme".

A la luz del martirio de Juan, este himno expresa cómo la cruz de Cristo pone un nuevo significado sobre la muerte. Ya no es una pérdida para vengar, una tragedia que provoca la violencia, un evento controlado por los espíritus o los enemigos. Aunque sea por asesinato, la muerte está en las manos de Dios. Él lo redimirá porque Jesús también murió en forma violenta e injusta, y él venció la muerte. No pidió venganza, sino que perdonó a sus asesinos. El himno de Serafín tampoco pide la venganza, sino que insiste: "Hablen con Jesús. Él les ayudará, hermanos. Él sufrió en la cruz y nos limpia del mal que nos aflige. Yo, también, andaba perdido en otro pueblo, pero Jesús me rescató".

Esta no era una invitación vacía. Todos los que escucharon el himno sabían lo que le había pasado a Juan, y los evangélicos pensaban que en cualquier momento podría morir otro hermano asesinado por sus mismos vecinos. Sin embargo, ya no eran dominados por el temor de los espíritus ni de la muerte, porque Jesús se había mostrado más fuerte que ellos.

Durante nuestro tiempo en el pueblo mixteco, entrevistamos a los evangélicos, preguntándoles sobre las formas en que Jesús había cambiado sus vidas. Todos nos respondieron que lo más impresionante era que ya no tenían temor de los espíritus. Su fuerte rey Jesús los había liberado de la opresión de los espíritus.

Recientemente yo usé el mensaje de Juan —que Jesús nos da victoria sobre el poder maligno— al evangelizar a un vecino mixteco que sufría de diabetes. Yo le expliqué: "Como usted ya sabe, estamos bajo el ataque de muchos poderes malignos que provocan el sufrimiento, la violencia, y la enfermedad. Usted tiene diabetes, y yo sufrí de cáncer. Tenemos un enemigo que entró a nuestro mundo en forma de serpiente y nos separó de Dios. Él provocó el odio entre hermanos y las muchas tragedias que nos afectan hasta hoy en día. Pero Dios, nuestro Padre, nunca quiso dejarnos bajo el poder de la serpiente. Él prometió rescatarnos, y envió a su hijo Jesús para conquistar a la gran serpiente. Él sanó a los enfermos y resucitó a los muertos. Como suele suceder, las autoridades le tuvieron envidia, y lo mataron. Esto es lo que siempre provoca la serpiente".

"Pero Jesús no reaccionó cómo reaccionan los demás. Él no buscó salvarse, ni tampoco buscó la venganza, sino que murió voluntariamente, pidiendo perdón por sus enemigos. Jesús demostró poder sobre el odio y la venganza, y su resurrección demostró poder sobre la muerte".

Saqué de mi bolsillo una jeringa que había llenado con papel chino[1] de dos colores, rojo y amarillo, para simbolizar la sangre humana y la naturaleza divina de nuestro Salvador. Se lo entregué a mi vecino, diciéndole "Jesús nos ofrece inyectar con su poder divino si lo seguimos a él. Este poder es como una vacuna contra los efectos de la maldad y la muerte. Nos hace capaces de perdonar así como Jesús perdonó a sus enemigos. Nos hace resucitar después de la muerte, así como él lo hizo. Todavía sufrimos muchas tragedias como la enfermedad y la muerte en este mundo caído, pero Jesús nos da el remedio. Nos cura del dominio de los espíritus, pase lo que pase. ¿Puedo orar por usted ahora para que Jesús llene sus venas con este poder divino?".

Mi vecino tomó la jeringa en sus manos, mientras que mi esposo y yo pusimos nuestras manos sobre sus hombros y oramos por él. Nuestro mensaje fue buena noticia para él, así como había sido para toda una comunidad evangélica que enfrentaba el sufrimiento, la violencia, y la muerte. Pase lo que pase, no existe nada —ni tragedia ni poder espiritual ni pecado— que Jesús no pueda conquistar.

◆———·●◆●·———◆

En la introducción a este capítulo escribí que Thiessen se enfoca en Cristo vencedor como faceta del evangelio que proclama entre los mixtecos. Es cierto, pero si preguntamos "¿Vencedor sobre qué? y ¿Cómo venció?" no sería apropiado decir que es

---

1. En algunos países también conocido como papel seda o papel tissue.

solo una faceta; al menos diríamos que esa faceta contiene en ella misma muchas más. Le invito a leer de nuevo la última parte de ese capítulo, empezando con la historia de Juan, y tomar nota de las varias maneras en que se manifiesta el poder vencedor de Jesús y cómo ellas están entretejidas. Por ejemplo, al experimentar la libertad del miedo a la muerte también se libra de la necesidad de la venganza. El evangelio no se puede comunicar en una sola imagen de la salvación por la cruz, y aun una sola imagen —como la del Cristo vencedor— rebosa de significados e implicancias.

Este capítulo breve no solo tiene sobrados ejemplos del poder salvador de la cruz, también está lleno de ejemplos sobre los medios para comunicar el mensaje. Thiessen usa una jeringa. Serafín Solano escribe una canción. Juan usó palabras para proclamar el evangelio, pero su vida y como murió comunicó aún más que sus palabras. No podemos separar las palabras que pronunció sobre la cruz y la resurrección de la vida de Juan. Las dos están entretejidas. Es una muestra de proclamación bien contextualizada. Primero comunica bien, es entendible, como vemos en el ejemplo de Thiessen. Ella habla de la serpiente de tal manera que es fácil de comprender en un contexto animista, y usa la jeringa y la historia de Juan para comunicar en forma concreta y con claridad. En segundo lugar, está bien contextualizada en el sentido de lograr conectar lo que se quiere comunicar con la vida misma, no se queda en la información teórica, sino que proclama un evangelio que conecta con e impacta en la vida diaria de las personas de ese contexto.

MUCHO MÁS QUE UNA CRUZ

8

LA EXPIACIÓN COMO DRAMA EN UNA CLASE DE ESCUELA DOMINICAL

Dan Whitmarsh

Durante una clase de Escuela Dominical para chicos de doce y trece años en *Cornerstone Covenant Church* en Turlock, California, la discusión desembocó en la película de *La pasión de Cristo*. Varios de los estudiantes la habían visto la semana anterior, y tenían una serie de preguntas y asuntos que necesitaban ser aclarados. La discusión fue orientándose a los significados más profundos de todo el drama, especialmente a la pregunta "¿Por qué Jesús hizo eso?". Mientras hablaban, Dan Whitmarsh, que estaba enseñando la clase, pensó acerca de cómo podría formular una respuesta que este grupo de preadolescentes y adolescentes pudieran comprender. Como chicos y chicas típicos de clase media que habían crecido en la iglesia y habían escuchado el clásico refrán "Jesús murió para salvarnos de nuestros pecados" a lo largo de toda la vida, necesitaban una nueva respuesta que los empujara a pensar más profundamente sobre el tema. Lo que sigue es la descripción de Whitmarsh sobre lo que hizo ese domingo por la mañana.

En respuesta a las preguntas de los chicos acerca de la muerte de Jesús en la cruz, se me ocurrió que tal vez si los ponía a actuarlo en un drama, podría hacerlo más comprensible. Lo siguiente es esencialmente lo que ocurrió durante el resto de la clase. Los estudiantes actuaron y se movieron como yo les pedí que lo hicieran.

Elegí a dos estudiantes, Eric y Belinda, y los puse de pie mirándose cara a cara. Le dije al resto de la clase: "Aquí está, ahora, la naturaleza humana. Por una razón u otra, intencional o no, Eric pisa a Belinda. Ella se siente herida y se enoja, y piensa que a Eric se le debe hacer pagar por su acción, así que le da un pisotón. Eric apenas puede creer que Belinda lo lastime de esa manera, y para demostrar su fuerza, la patea Belinda en la espinilla. Belinda, sintiéndose injustamente atacada, le pega un rodillazo a Eric en la ingle. Él, después de tomarse un momento para recuperarse, está realmente enojado, y empuja a Belinda al suelo". Mientras seguíamos a lo largo de la escalada de violencia, Eric y Belinda se divirtieron fingiendo lastimarse.

Continué con la historia. "¿Se están dando cuenta cómo es que funciona el asunto? Ocurre todo el tiempo entre individuos, entre familias y entre naciones. Cualesquiera que sean las razones, el conflicto va siempre incrementándose hasta llegar al punto en el que la violencia se desencadena y lastima o mata a las personas. Esto es lo que nos hacemos los unos a los otros y, en cierto sentido, es lo que le hemos hecho a Dios".

"Si les preguntara por qué murió Jesús, probablemente dirán algo así como 'para tomar nuestro lugar'. Si les preguntara después por qué tenía que tomar nuestro lugar, probablemente dirán algo así como 'porque pecamos y teníamos que morir'. Ambas respuestas tienen sus dosis de verdad, pero realmente no se acercan al significado total de lo que sucedió, ni cuando pecamos, ni cuando Jesús murió en nuestro lugar".

"Hay que pensar primero en lo que realmente sucede cuando pecamos. Tendemos a creer que el pecado es como romper una norma en algún reglamento. En realidad, el pecado se parece más a cuando lastimamos a alguien, cuando ejercemos violencia contra otra persona. Eric no es culpable de un pecado porque haya roto alguna regla que diga 'No patees a la gente'. Es culpable de pecado porque lastimó a Belinda a propósito. Y esto también es cierto para Belinda: no pecó violando la regla de no pisotear los pies ajenos, sino porque lastimó intencionalmente a Eric".

"Esto mismo aplica en nuestra relación con Dios. No somos culpables delante de Dios porque hayamos quebrantado alguna regla que Dios inventó. Somos culpables ante Dios porque lo lastimamos al elegir deliberadamente hacer lo nuestro, rechazarlo, vivir la vida sin él. El gran pecado de Adán y Eva no fue quebrantar la regla que decía 'No coman la fruta'. Su pecado fue desestimar: 'Oye, podemos hacer lo que queramos, sin importar lo que Dios diga'. También lastimamos a Dios cada vez que lastimamos a alguien más. Si alguien agrediera a mi hija yo estaría profundamente angustiado, porque la amo. Entonces, mirando a Eric y Belinda, ustedes pueden ver cómo se han agredido el uno al otro, pero también pueden entender cómo lastiman ellos dos a Dios, porque Dios los ama y no quiere verlos dañándose mutuamente".

"Ya que estamos nuevamente con Eric y Belinda, veamos dónde nos quedamos. En este punto de nuestro pequeño drama, ellos se han violentado con Dios y entre ellos. Realmente no hay escapatoria. Belinda fue arrojada al suelo, Dios ha sido desechado, y todo el ambiente está resquebrajado. En este ambiente de calamidad entró Jesús". Entonces elegí a otro estudiante, Chris para que fuera Jesús.

Yo ya había hablado demasiado, así que pensé que era hora de volver a la acción. Una vez más, los tres muchachos dramatizaron la historia que yo estaba contando. "Digamos que Belinda se recupera y se levanta. Ella y Eric se enfrentan para una confrontación final. Sacan sus puños para preparar el golpe fatal. Sus brazos se mueven en preparación al golpe, pero, justo cuando están a punto de golpearse, Chris salta en el medio para proteger el uno del otro, y recibe los golpes en su lugar. Él cae al suelo, muerto. Como ama a Eric y a Belinda, recibió los golpes que se esperaban de ellos y pagó el precio máximo".

"Sin embargo, miren lo que sucede. Chris se pone de pie. Eric y Belinda le hicieron lo peor que hubieran podido hacerle: lo mataron. ¿Cómo esperan que Chris responda ahora? Haciéndolos desaparecer, ¿verdad? ¿Sacando sus armas mortíferas y barriendo con ellos? En lugar de eso, él regresa donde Eric y Belinda, y los abraza. Él los ama. Él los perdona. En lugar de buscar venganza, regresa en paz. Esto les ofrece esperanza a Eric y Belinda. No solo son perdonados por haber matado a Chris, sino que ahora se dan cuenta de que pueden dejar de pelear entre ellos. Como Jesús los ha perdonado, pueden perdonarse mutuamente. Desde que Chris los abrazó con amor, ellos pueden abrazarse el uno al otro. Este ciclo de venganza y violencia encuentra así su final".

"¿Pueden ver cómo trabaja la muerte de Cristo en la cruz? Jesús fue a la cruz como resultado del mundo de violencia y rechazo que nosotros mismos habíamos hecho, pero Jesús regresó en amor, incluso después de todo el dolor que había sufrido. De la misma manera, estamos atrapados en ese mismo mundo resquebrajado, pero Jesús ofrece liberarnos de ese quebranto. Él soportó la peor violencia que se puedan imaginar, como muchos de ustedes lo vieron en la película, y pasó por todo eso para que ustedes no tuvieran que hacerlo. Él pasó por todo eso y perdonó a quienes lo hicieron. Como ya lo señalé, nosotros rechazamos a Dios frecuentemente en nuestras elecciones, y aun así él nos perdona. Nuestra relación con Dios, que se había roto, puede restaurarse al aceptar el perdón que Jesús ofrece. Eric y Belinda pueden seguir peleando, pero también pueden optar por aceptar la oferta de paz dada por Chris, y así vivir en una relación correcta entre ellos y con Dios".

En ese momento les di las gracias a los estudiantes que actuaron, les pedí que se sentaran, y di por concluida la lección.

Esta presentación se centra en temas que los capítulos anteriores y futuros del libro exploran con más detalle. Sin embargo, lo incluyo debido a la simplicidad concreta del drama representado. Aprecio la manera en que la dramatización permitió que los chicos sintieran la realidad del pecado y cómo Jesús entró en esa realidad para detener la espiral del mal, y no solo para poner al día las cuentas en los libros contables celestiales. El sentido de que Dios actúa a través de la cruz y la resurrección para restaurar las relaciones se percibe poderosamente. Dan Whitmarsh desarrolla el drama de una forma tal que retrata no solo cómo Jesús detuvo un ciclo de pecado y violencia, sino también cómo Dios respondió en el perdón: un perdón concreto como respuesta al pecado y a las heridas concretas.

MUCHO MÁS QUE UNA CRUZ

9

UNA HISTORIA DIFERENTE MARCOS 15:21-39
Debbie Blue

El propósito de este libro es presentar varias imágenes de salvación por medio de la cruz, a través de la contextualización de la rica diversidad que la Biblia ofrece en torno a ese tema. Infortunadamente, desde hace mucho tiempo la mayoría de nosotros ha leído la Biblia desde la perspectiva de la teoría de la satisfacción penal, al punto de que la salvación se entiende desde una sola dimensión. El conocimiento de otras perspectivas puede ser útil para capturar algunas tonalidades fascinantes en los textos bíblicos, niveles que siempre han estado allí presentes, pero que han permanecido ocultos en razón a los lentes que usamos al leerlos. René Girard es uno que nos ha ayudado a descubrir nuevas corrientes de sentido en el texto bíblico. Sus investigaciones y reflexiones sobre el conflicto, la violencia, la victimización y el recurso del chivo expiatorio en diversas culturas aportan un suelo fértil para pensar en torno a la cruz. En este sermón, Debbie Blue realiza una tarea magistral apelando a las experiencias de la vida diaria para comunicar algunos de los elementos centrales del pensamiento de Girard. De esa manera, se vale de esos mismos relatos para iluminar el texto bíblico y proclamar de manera contundente un aspecto de la obra salvífica de la cruz y la resurrección. Blue vive en comunidad con su familia y amigos en un contexto rural en Minnesota. Es parte del cuerpo pastoral de la iglesia *The House of Mercy*, en St. Paul, en donde predicó este sermón en abril del 2003.

²¹ A uno que pasaba por allí de vuelta del campo, un tal Simón de Cirene, padre de Alejandro y de Rufo, lo obligaron a llevar la cruz. ²² Condujeron a Jesús al lugar llamado Gólgota (que significa: Lugar de la Calavera). ²³ Le ofrecieron vino mezclado con mirra, pero no lo tomó. ²⁴ Y lo crucificaron. Repartieron su ropa, echando suertes para ver qué le tocaría a cada uno.

²⁵ Eran las nueve de la mañana cuando lo crucificaron. ²⁶ Un letrero tenía escrita la causa de su condena: «El Rey de los Judíos». ²⁷ Con él crucificaron a dos bandidos, uno a su derecha y otro a su izquierda. ²⁹ Los que pasaban meneaban la cabeza y blasfemaban contra él.

—¡Eh! Tú que destruyes el templo y en tres días lo reconstruyes —decían—, ³⁰ ¡baja de la cruz y sálvate a ti mismo!

³¹ De la misma manera se burlaban de él los jefes de los sacerdotes junto con los maestros de la ley.

—Salvó a otros —decían—, ¡pero no puede salvarse a sí mismo! ³² Que baje ahora de la cruz ese Cristo, el rey de Israel, para que veamos y creamos.

También lo insultaban los que estaban crucificados con él.

³³ Desde el mediodía y hasta la media tarde quedó toda la tierra en oscuridad. ³⁴ A las tres de la tarde Jesús gritó a voz en cuello:

—*Eloi, Eloi, ¿lama sabactani?* (que significa: "Dios mío, Dios mío, ¿por qué me has desamparado?").

³⁵ Cuando lo oyeron, algunos de los que estaban cerca dijeron:

—Escuchen, está llamando a Elías.

³⁶ Un hombre corrió, empapó una esponja en vinagre, la puso en una caña y se la ofreció a Jesús para que bebiera.

—Déjenlo, a ver si viene Elías a bajarlo —dijo.

³⁷ Entonces Jesús, lanzando un fuerte grito, expiró.

³⁸ La cortina del santuario del templo se rasgó en dos, de

arriba abajo. ³⁹ Y el centurión, que estaba frente a Jesús, al oír el grito y ver cómo murió, dijo:

—¡Verdaderamente este hombre era el Hijo de Dios!

(Marcos 15:21-39).

Es una historia muy conocida por todos ustedes. Muchas veces parece ser el ÚNICO relato. Ustedes lo escuchan, lo revisan, lo recuentan, lo editan y lo vuelven a componer una y otra vez. Hay un sinfín de versiones. A veces aparece como un relato enorme y destructivo. A veces luce pequeño y bueno, e incluso enorme y bueno. Todo depende de quién y cómo lo narra, de su relación con la persona que lo está narrando, de si la persona que narra está o no de su lado.

La historia se titula "El Bueno contra el Malo", o también, en una ligera variación, "Unidos contra el Mal". Suena familiar, ¿no es así? Podría narrar mil versiones y creo que yo (o cualquier otra persona) puede contar suficientes versiones correctas para mostrar que se trata del relato que le ha dado forma a toda civilización desde los inicios de los tiempos. Pero voy a contar solamente tres.

Una vez, mi esposo Jim y yo salimos en una cita romántica. Una semana antes habíamos concertado el cuidado de los niños porque esta iba a ser nuestra gran noche, solo para nosotros. Ahora bien, no les podría ocultar que nuestra cita distaba mucho de ser ideal. Empezamos a conducir, pero no teníamos nada que decirnos. Viajábamos en silencio. Era como si ni siquiera quisiéramos estar juntos. No podíamos quitarnos de encima la tensión estúpida en la que nos habíamos sumido momentos antes al hablar sobre asuntos ridículos: que quién es el que siempre desocupa el lavaplatos y quién es al que nunca se le ocurre limpiar el refrigerador ni acomodar la ropa de los niños en el armario; quién es el que siempre está pendiente del cambio de aceite para el auto y quién trata de controlar el mundo; quién hace más, quién es mejor persona.

Parecía que sería una salida de comunicación nula, una noche que se iba a echar a perder. De repente, un tipo en una enorme camioneta *pick-up* monstruosa de ruedas gigantes, aprovisionada en la parte trasera con un soporte para llevar armas, protectores negros para el guardafangos y la silueta en cromo de una mujer desnuda, nos sobrepasó en la carretera rural de tierra, levantando polvo y grava por todas partes. El conductor llevaba lo que parecía ser un niño de tres años en el asiento delantero, no solo sin silla protectora para infantes sino también sin cinturón de seguridad. El hombre iba fumando con la ventana cerrada. Cada letrero y calcomanía en su auto era lo opuesto a cada letrero y calcomanía en el nuestro (la verdad es que solo tenemos una, pero si hubiéramos tenido más, habrían sido lo opuesto a las suyas).

Era como si "¡Ah, caramba! Este *Mr. Country Dude*...[1] ¡Santo Dios! Nos ha ofendido". Prácticamente nos echó de la carretera (o tal vez nos pasó rápido), pero sin duda fue imprudente, no solo al conducir, sino también con su hijo. De repente ya teníamos mucho de qué hablar. Y mientras seguimos conduciendo, Jim dijo un par de cosas bastante graciosas sobre la actitud del hombre. Nos echamos a reír, y esto nos recordó otras cosas divertidas sobre algunas de las actitudes estereotípicamente rurales de nuestros vecinos, y resultó que este tipo salvó lo que para nosotros había amenazado con convertirse en una noche desastrosa. Sin importar aquellas pequeñas cosas triviales que nos podrían alejar el uno del otro, o lo malo que pudiéramos ver o sentir en nuestra relación, frente a este "Otro" nos sentimos bien, cercanos y unidos.

He aquí otra versión del relato, nuevamente rural. A nuestro alrededor viven los Hoglund. No sé si están relacionados, si son familia, o un clan, o nada de eso. Creo que algunos lo son, otros no. Pero el tipo que nos vendió nuestra granja nos advirtió, cuando compramos el lugar, que había una disputa

---

1. Esta expresión podría traducirse como "Chico de campo".

entre los Hoglund en el lado sur de la carretera y los Hoglund en el lado norte.

Los del norte, por el hecho de que su tierra es un poco más fértil y porque poseen vacas de excelente calidad, han tenido éxito como granjeros. ¿Los del lado sur? No tanto. Para hablar con franqueza, les estaba yendo tan mal que poco a poco, hectárea por hectárea, terminaron vendiendo toda su tierra a los norteños. Ahora, el Sr. Hoglund-del-sur trabaja en la ferretería Hardware Hanks, y la Sra. Hoglund-del-sur es cajera en Little Dukes.

El éxito agrícola de los Hoglund del norte no los hizo populares con sus vecinos. Existe una rivalidad subyacente, no sé si se han dado cuenta; entre la gente que se ocupa trabajando en el mismo rubro, o entre las personas por el solo hecho de existir, no importa quienes sean o lo que hagan. Rivalidad, rivalidad, rivalidad. ¡Son tantas las historias que escuchamos! No sé si es verdad o no, pero supimos que uno de los Hoglund les disparó a los perros del otro, y otro más arrojó una carga de estiércol justo al lado de la casa de su rival y, no sé si están familiarizados con las moscas y el estiércol y la vida en el campo, pero puedo decirles que esa casa debe haber parecido estar bajo la maldición de una plaga. El clan Hoglund se estaba deteriorando. Circulaban rumores sobre lo que podría pasar después.

Fue entonces cuando nos mudamos aquí. Aterrizamos justo en medio de ellos, cuatro familias de la ciudad, con diminutos autos extranjeros y títulos de maestrías y ni una sola camioneta *pick up*, inicialmente. No sabíamos que, como sí sabían todos en el lugar, no debíamos conducir por las carreteras secundarias no pavimentadas cada vez que llegaba la temporada de barro. Nos atascábamos hasta los codos. Cuando preguntamos sobre los pesticidas que estaban usando, a nuestros vecinos les parecíamos ridículos y estúpidos.

Un día, el Sr. Hoglund-del-sur y el Sr. Hoglund-del-norte se encontraron por casualidad en el mercado y soltaron la primera carcajada compartida, que en años no habían tenido, por causa de estas personas que iban a pagar dinero extra por comida orgánica, y no tenían una *pick-up*. Al poco tiempo ya estaban haciendo asados, sus perros corrían libremente, y se hizo evidente que los problemas en la zona rural de Minnesota eran culpa de la ciudad y su creciente influencia. Es decir, culpa nuestra.

Bueno, una versión más. ¿Observaron a las niñas de segundo grado? Casi parece que no saben cómo ser amigas a menos que sea excluyendo a otra persona por cualquier motivo arbitrario: tiene flequillos, usa pantalones rosa, su nombre comienza con la letra incorrecta. Es un ritual que representan a diario.

Este mecanismo que tenemos como humanos funciona como un amuleto. No es solo una pequeña cosa que aparece de vez en cuando. Es más como la base sobre la cual creamos nuestro orden social. Es como un dato antropológico: construimos nuestra unidad en contra de alguien o de algún grupo. Construimos nuestra rectitud —eso lo sabemos bien— en contraste con otra persona, filosofía o forma de ser. ¿Cómo podemos sentirnos bien o definir lo que es bueno si no sabemos qué hay de malo como para definirnos en contra de eso? Funciona mejor si hay algo malo que parece estar "allá afuera", algo de lo que creemos que no somos realmente parte (el mundo de las corporaciones multinacionales, el fundamentalismo, la vida decadente, la mundanalidad, el gobierno represivo, lo que sea).

Como dije, pueden narrar mil versiones de esta historia. Piensen en algunas. Hay versiones que son increíblemente terribles y violentas, pero el punto es no decir "mira lo malos que somos, o que son". El punto es: "Mira, ¿no es verdad que esto es lo que hacemos?" Es casi como que no podemos dejar de hacerlo. Como si estuviéramos estancados. Como si no supiéramos cómo estar en el mundo, cómo hacer comunidad o unificarnos a menos que sea en contra de algo, de un grupo o de la forma de ser de otras personas en el mundo. No sabemos cómo sentirnos bien con nosotros mismos a menos que definamos nuestra bondad contrastándola con la maldad o la inferioridad de otra persona (si no están dentro de nuestras categorías morales, lamentablemente podemos imaginar que están menos iluminados). Tal vez este mecanismo de contrastarnos con otro sea inevitable, pero en realidad no es inofensivo.

¿Y lo otro? En realidad es una especie de mentira. No; no es una especie de mentira, siempre es una mentira. No importa quién la cuente: supremacistas blancos, dictadores fascistas, fundamentalistas, liberales, la campaña "Vote Para Revocar a Bush", activistas por la paz, la gente festejando enardecida cuando derriban la estatua de Sadam Hussein, la gente vitoreando cuando se quema una efigie de Bush. Cuando ustedes piensan "Me parece que el mundo realmente podría ser mejor, un lugar menos malvado, un lugar más seguro, si nos deshiciéramos de ciertas personas" (tal vez no creas que deberíamos matarlos, pero definitivamente crees que estaríamos mejor sin ELLOS), es una mentira. Pero, miren, seamos honestos, ¿no es cierto que lo creemos? Casi más de lo que creemos en otra cosa. Quiero decir que casi no puedo decir "es una mentira" en este momento porque la creo, casi que a pie juntillas (por supuesto, creo en la historia solo si es desde mi perspectiva o desde la perspectiva de mi comunidad).

Así que, ¿eso es todo lo que hay? ¿Solo una misma historia desde mil perspectivas? ¿Hay alguna otra historia, o es esta realmente la historia definitiva? No podemos crear unidad, comunidad. No podemos construir la bondad sino definiéndola frente a algo "otro". Y si a veces eso lleva a una violencia asesina, bueno, es desafortunado, pero lo siento, no hay otra manera. Simplemente no hay otra forma de ser humano en el mundo. Está en nuestros genes. ¡Caramba! Es la única historia. Eso es todo.

La gente ha tendido a usar la historia de Jesús muriendo en

la cruz como si se tratara de esa misma vieja historia. Al igual que Jesús, se trataba de promover su buen camino contra el mal camino del líder religioso, o el camino del Imperio Romano, o el camino de los poderosos o los paganos o los caídos o los infieles. Como la Última Gran Confrontación, siguiendo el libreto Por Encima De/En Contra De, como si todo consistiera en verlo desafiándonos: "¿Estás conmigo (y por implicación contra el resto)?" Como si nos estuviera ofreciendo la oportunidad de formar la comunidad más importante, unida en justicia y creencia en oposición a la incredulidad y la falta de fe, y oh, ¡cómo debemos reunirnos para asegurar la victoria de nuestro lado, el lado correcto, el lado de Dios! En realidad, es el mismo viejo y cansado mecanismo divisivo y violento que entra en juego; la misma historia, solo que en una escala mayor.

Pero, no sé. Más bien, lea la historia en Marcos. Jesús podría fácilmente haber unificado a la multitud contra los líderes religiosos o los romanos. La multitud estaba predispuesta a unirse contra ellos: la gente, los pobres y los débiles, contra los poderosos y los privilegiados. O los judíos contra los romanos. O los seguidores de Cristo contra los infieles. Pero esta realmente no es la historia. No es esa la historia de Dios unificando al pueblo de Dios contra otro. Es la historia de todas las personas, los fuertes y débiles, los buenos y los malos, los religiosos y los paganos, todas las personas, todos unidos contra Jesucristo, la encarnación del amor de Dios en el mundo.

Marcos se esfuerza en su historia para dejar en claro (casi sistemáticamente) que todos terminaron siendo los aliados más inverosímiles: los sumos sacerdotes y los escribas y los soldados romanos, incluso los discípulos, y aún más los dos criminales que fueron crucificados con él, todos conspiraron, en algún nivel, en la crucifixión de Jesús. Y por si acaso eso no cubre a todo el mundo, Marcos va a contemplar todas las posibilidades al mencionar que toda persona que pasó por el lugar se burló de él. Lo traicionaron, se burlaron de él o buscaron su muerte, tal vez para reforzar su sistema de rectitud, su bondad, o tal vez para protegerse ellos mismos, para resguardar su sentido de dignidad o fortaleza, para mantenerse a cierta altura, para evitar ser vulnerables. A partir de ese final, la máquina productora de chivos expiatorios parece estar funcionando a todo vapor, con eficiencia, con vitalidad.

No obstante, Jesús en su muerte y resurrección no se presta en absoluto a engrasar los piñones de esa máquina. Él la rompe en pedazos. Jesús se convierte en el chivo expiatorio en contra del cual todos ahora pueden empezar a definirse; se vuelve completamente vulnerable a todos ellos, a todos nosotros. Jesús se niega a estar en CONTRA de cualquier cosa y de todo en esta escena de crucifixión. Sin embargo, ¿realmente está Jesús tal vez haciendo la mayor movida en CONTRA DE NOSOTROS que podría hacerse? Quizás es como si fuera una especie de activista por la paz, una de esas tantas causas perdidas donde los manifestantes son completamente pacíficos, no violentos, a pesar de que la policía los enfrenta con rudeza; es como cuando, al rehusarte a estar en contra, estás haciendo la declaración más fuerte y poderosa EN CONTRA que puedas: contra aquellos que eligen la violencia, contra el estilo de los violentos, contra policías o belicistas.

¿O podría ser que Jesús, la encarnación del amor de Dios en el mundo, realmente no está en contra? Él no viene en contra de nadie, sino a favor de todos nosotros. Para rescatarnos. Para, sacarnos de la repetitiva monotonía de la máquina de chivos expiatorios que produce la muerte y llevarnos al amor de Dios ¿No será que él vino, completamente y con toda honestidad, por los líderes religiosos? Por los romanos. Por las multitudes. Por los guerreros. Por los activistas de la paz. Por los de la ciudad. Por los del campo. Por George y por Saddam y por el tipo que fuma con las ventanas de su camioneta cerradas. ¿No será que él vino por el mundo, realmente el mundo? Porque Dios, en realidad, realmente ama al mundo, le gusta, desea estar con el mundo incluso con lo que nos ofende profundamente en el mundo. Podría ser que Dios no viene motivado por la necesidad de condenar a alguien, o la necesidad de proteger las propias fuerzas de Dios manteniéndolas en su poder, ni por la necesidad de probar de alguna manera su invulnerabilidad, sino más bien por el deseo de estar en relación con nosotros, motivado por una necesidad para liberarnos a todos de la historia cansada y falsa que usamos para construir nuestras naciones, comunidades, religión, para que podamos entrar en el amor. Esta historia no es la de "Los Malos vs. Los Buenos"; no es "Unidos contra el Mal". Es la historia del amor de Dios.

La muerte y la resurrección de Jesucristo no es una Nueva Gran Manera de hacer funcionar la máquina, el Combustible Más Poderoso que haya existido para ese viejo mecanismo, para que ahora sí el pueblo de Dios se pueda unificar claramente, los creyentes en Jesús contra los incrédulos. Al contrario. La máquina se derrumba. La gente puede haber usado la máquina una y otra vez para reclamar algún tipo de bondad y rectitud divina, pero esta historia revela cómo todas las personas, todos, la usan para matar a Dios. Esta historia no es el último refuerzo del guión por *Encima De/En Contra De*. Esta historia nos revela la destructividad, la futilidad, y cuán asesinas son todas nuestras tendencias *en-contra-de;* nos muestra cómo nuestro mecanismo profundamente arraigado para crear la unidad conduce a la muerte, incluso a la muerte de Dios.

Pero sorprendente, asombrosa, hermosa, inesperada y prodigiosamente la revelación no termina con la condena completa por la violencia que yace en el corazón del orden social. En últimas, ni siquiera revela que todos "ellos", todos "nosotros", estamos condenados por ser tan implacables y horribles cazadores y ejecutores de chivos expiatorios, personas patéticas encerradas en una rivalidad interminable. Por el contrario, es una historia que nos cuenta que Jesús absorbió, asimiló toda nuestra contrariedad, y aceptó toda la muerte que teníamos para dispensar, todos los temores que hacen que sea tan imposible para nosotros ser verdaderamente vulnerables, toda la debilidad que nos lleva a la crueldad. Él lo toma todo. Totalmente. Completamente. Y regresa. Regresa increíblemente invicto. Vuelve, no vengativo ni resentido, ni tampoco en una ola victoriosa para formar una unidad de oposición, una patota contra nosotros (o contra cualquiera), ni para encabezar su ejército contra los malos que hacen de otros chivos expiatorios. Él regresa y regresa una y otra vez y para siempre, sin rodeos, para ellos, para nosotros, para todos. Vuelve amando, perdonando y deseando, como siempre, la comunión con el mundo.

Es una historia un poco difícil de capturar. Puede que no parezca del todo atractiva para nosotros, pero esta historia no está destinada a endurecer nuestros corazones en contra de nadie. Es un relato que se nos ha dado para romper nuestros corazones a fin de que permanezcan abiertos, para construir amor y comunión, para hacer posible la relación con el Otro (quien es el completamente otro), para revelarnos cómo estamos todos juntos ahora, no en oposición, no en la condenación, sino en el perdón, reunidos en el amor de Dios.

No parece que esta historia alimente nuestro sentido de justicia divina contra las personas malas, las malas formas de vivir, la gente extraña que es tan rara. Más bien, parece ser un relato que podría romper nuestros corazones para abrirlos a una relación basada no en la exclusión sino en el perdón y el amor ridículamente redentor de Dios. Nos muestra que no podemos aliviar nuestra separación buscando chivos expiatorios. No podemos crear amor y unidad alimentados por la tendencia a estar siempre *en-contra-de*. El viejo mecanismo, la vieja historia no es creadora de comunión, o si lo es, ese amor y comunión es una asustadiza falsa unión de hojalata en comparación con la nueva, prácticamente inimaginable, vitalmente vívida, completa y salvaje comunión hecha posible por el amor y la gracia de Dios.

Jesús muere no para condenarnos por nuestro crimen, sino por rescatarnos a una vida alimentada por un combustible completamente diferente, completamente distinto a la rivalidad, a la del chivo expiatorio, la venganza y la violencia. Somos liberados por el amor y la gracia de Dios no para obtener nuestra identidad, fabricar nuestro amor, nuestra comunidad, nuestra unidad, definirnos a nosotros mismos contra los malos, el país, la ciudad, los conservadores, los liberales, Britney Spears, George Bush o Saddam Hussein, sino para obtener nuestra identidad, amor, comunidad, unidad de la revelación de que yo, George o Saddam estamos realmente todos juntos (sé que esto es ofensivo) como condenados y perdonados, como amados y buscados, como deseados por Dios. Somos libres para formar nuestras identidades, amor, comunión, unidad desde el amor que resueltamente no traza líneas de separación, sino que rompe las líneas más impenetrables. Es una obra que nos libera para no reproducir el viejo guion una y otra vez. ¿Cómo podría esto funcionar? Somos libres para formar una comunidad diseñada y transformada por esta nueva historia; no por la historia de la muerte, la del reparto de la muerte.

Sé que no he terminado de transformarme, porque cuando pienso en lo que realmente parece funcionar para hacerme sentir bien y amada y en comunión, es el tipo aquel de la camioneta *pick-up* ostentosa. Hay algo atractivo en unirse *en contra de*, algo que parece funcionar cuando apelamos a los chivos expiatorios. Sigue funcionando para mí (a un nivel reducido y seco) cuando estoy con mi esposo, mis mejores amigos, mis colegas, esta iglesia. Podemos estigmatizar como locos a los demás cual si fueran chivos expiatorios, pero la muerte y la resurrección de Jesús me da un atisbo a la esperanza que está más allá de eso, y me permite reconocer que la unidad que alcanzamos a través de la vieja historia es débil, se sostiene en una vida falsa, carece de imaginación y vitalidad en comparación con la comunión posible en el amor de Dios. La historia de Jesús también me revela que Dios no está abandonando la transformación. Creo, y espero que, a pesar de toda nuestra inclinación asesina a buscar chivos expiatorios, el Evangelio, esta historia totalmente diferente que nos da vida, nos libere para la comunión basada no en el enemigo que fabricamos, sino en el amor transformador e indulgente de Dios. Creo que todos nosotros podemos ver sus trazos en la realidad que nos rodea.

◆ ——— • • ◆ • • ——— ◆

Debbie Blue hace un excelente trabajo al cimentar esta proclamación de la cruz no en historias o imágenes de otra época, sino en las historias de la vida cotidiana con las que sus oyentes pueden identificarse. Sin embargo, al igual que los escritores bíblicos, ella no solo se ha conectado con su público, sino que también usa esta presentación de la cruz para desafiar resueltamente los patrones de vida normales. Al presentar la naturaleza absorbente y transformadora de la cruz, nos ofrece un modelo de entrecruce entre aquello de lo que la cruz nos salva y aquello para lo cual la cruz nos salva. Como ella lo describe, no solo somos salvos de una historia trágicamente equivocada, sino que también somos perdonados y facultados para vivir de acuerdo con un nuevo paradigma. Las historias que usa están enraizadas en su contexto particular de la Minnesota rural. Los aliento a que piensen en historias similares de sus contextos que muestren la misma dinámica, y luego las utilicen combinadas con las ideas de ella para proclamar este aspecto de la joya del evangelio.

Como mencioné en la introducción, Blue ha utilizado algunas de las ideas de René Girard para iluminar este texto bíblico y el significado salvífico de la cruz y la resurrección. Para aquellos que no están familiarizados con el trabajo de Girard, y a riesgo de simplificar demasiado su extenso trabajo, resumiré brevemente algunas de sus ideas que subyacen al sermón de Blue.[2]

---

2. *Veo a Satán caer como el relámpago* es uno de los muchos libros de René Girard que

Girard describe a Jesús como alguien que subvierte el sistema de sacrificios y ofrece un paradigma fundamentalmente diferente. En la antigüedad, las personas apelaban a los asesinatos espontáneos y a la acusación de otros, mayormente inocentes, como un medio violento para lograr algo para ellos mismos. Girard sostiene que los sistemas de sacrificio se desarrollaron como una recreación ritual de esta victimización. Jesús socava este mecanismo de víctima al ofrecer y modelar la gracia y al defender a las víctimas. Su compromiso con la no violencia revela el elemento de violencia en las instituciones, incluido el templo y los sacrificios, pero Jesús también se interpone en el camino de los deseos y las expectativas de todos: Romanos, Pilato, fariseos, al final incluso los discípulos se vuelven contra él. Todos se vuelven contra Jesús en el esfuerzo humano clásico y habitual para resolver el conflicto matando a una víctima común. Sin embargo, Jesús revela, mejor que cualquier otra víctima, la verdadera naturaleza de este mecanismo violento porque es la víctima más arbitraria, la menos violenta. Jesús revela cuán ilegítimo es todo el proceso. Él no responde con violencia sino que acepta ser sacrificado, ofrece perdón y vuelve a revelar la verdadera naturaleza de lo que está sucediendo. La resurrección, sin embargo, es clave porque separa a Jesús de todos los otros millones de víctimas inocentes que han sido torturadas, expulsadas y asesinadas. Esto es algo nuevo; una víctima regresa de la tumba. Sin embargo, él no busca venganza, sino que ofrece perdón.

El chivo expiatorio y el sacrificio de las víctimas solo traen paz y reconciliación en un grupo si todo el mecanismo permanece oculto. Sin embargo, si es transparente, si sabemos que estamos matando a X persona (o grupo de personas) como una forma de unirnos y resolver nuestros conflictos, entonces el sistema deja de funcionar. Con respecto a esta dinámica,

---

exploran la relación entre su pensamiento y la cruz. Entre los que han usado el pensamiento de Girard en sus obras, vale mencionar a James Allison, *Raising Abel*, Crossroad, New York, 2000); Anthony W. Bartlett, *Cross Purposes: the Violent Grammar of Christian Atonement*, Trinity Press Int., Harrisburg, PA, 2001); Raymund Schwager *Must There Be Scapegoats: Violence and Redemption in the Bible*, Crossroad, New York, 2000).

Jesús también subvierte el mecanismo. Él ilumina, y así nos libera; él ofrece un modelo diferente.

MUCHO MÁS QUE UNA CRUZ

10

DESNUDOS PERO NO AVERGONZADOS
Douglas Frank

La vergüenza es uno de los factores más debilitantes de los que la cruz puede restaurarnos. Desafortunadamente, al enfatizar solo la imagen legal de la cruz, la mayoría de los cristianos han proclamado libertad de culpa por la cruz, pero no de vergüenza. Cuando reconocemos la naturaleza multifacética de la cruz y la resurrección, no tenemos que escoger entre una u otra. Con esta predicación de Frank, iniciamos una serie de cuatro capítulos que acentuarán el tema de libertad de vergüenza por la cruz.

En este, Douglas Frank lleva a los oyentes de esta predicación a experimentar el poder salvífico que hay en resaltar el escándalo de Jesús, el Dios encarnado, muriendo en una cruz. Este sermón, que fue expuesto en un contexto claramente estudiantil en la capilla de una universidad evangélica, Frank habla de su propia experiencia en una universidad similar.

Fui a una universidad cuyo campus estaba situado en una ciudad tranquila a media hora de una de las metrópolis más grandes de Estados Unidos. "A treinta minutos de la fuente de pecado más cercana", solíamos bromear. No era exactamente una ciudad pequeña —la habitan unas 30 mil personas, más o menos— pero era tan despierta como un cementerio. Calles tranquilas y sombrías, casas sólidas de clase media con antejardines y más jardín alrededor. Un pequeño distrito de negocios, dos restaurantes, parques variados, bibliotecas, escuelas e iglesias, muchas iglesias. El tráfico era lento pero por la mañana y por la tarde había guardias de tránsito en cada esquina. La gente vivía allí porque quería estar a salvo. Comparada con la bulliciosa urbe justo en el horizonte, esta ciudad, con su universidad, era el alma misma de la seguridad.

Lo curioso, sin embargo, es que durante mis cuatro años en esta universidad, no recuerdo haberme sentido seguro. El problema comenzó temprano. Estaba llevando mi equipaje a la residencia estudiantil y el chico al otro lado del pasillo, que se había registrado el día anterior, me llamó a su habitación y me dijo que era un presbiteriano, como si esto fuera lo más importante de él, y me preguntó si acaso era premilenarista o posmileniarista. Deduje de su tono que cualquier estudiante de primer año que se preciara de serlo sabía dónde estaba ubicado en esa cuestión. No recuerdo haber escuchado antes estos términos, así que lo detuve con un comentario frívolo y me apresuré a buscar el resto del equipaje. Pero me sentí como un idiota. ¿Qué estoy haciendo en la universidad? me pregunté. No reconocería a un posmileniarista si se me acercara y me mordiera la nariz. Lo que debería hacer en ese momento era volver al automóvil e irme a casa a vender zapatos o hamburguesas y dejar de fingir que estaba hecho de material universitario.

Ese encuentro marcó la pauta para mis próximos cuatro años. Pasé buenos momentos en la universidad, momentos de amistades cálidas y aventuras inolvidables. Pero sobre todo, cuando pienso en esos años, recuerdo lo asustado que estaba. No creo que nadie lo haya notado; intentaba mantenerlo en secreto. Apenas si podía admitirlo para mí mismo. Pero detrás de mi rostro sonriente vivía una persona tímida para quien un simple paseo por el campus parecía una caminata en puntillas por un campo minado. La sola idea de tener que hablar en clase me hacía temblar. Estaba seguro que se haría evidente que yo no era más que un tonto. En las clases donde los profesores señalaban directamente a los estudiantes y les hacían preguntas para que participaran con sus comentarios, me sentaba detrás de personas más altas y procuraba pasar desapercibido. Sin embargo, si el profesor me encontraba, mi cerebro se volvía de cuarzo, y todos los datos u opiniones que habían conseguido alojarse en cualquiera de sus rincones se hacían inmediatamente inaccesibles.

Siempre fui consciente de no estar a la altura de los otros estudiantes en ninguna de las categorías importantes: vestimenta o peinado o buena apariencia; jovialidad en el habla y elegancia en los gestos sociales; ingresos disponibles, sofisticación mundana, capacidad intelectual. En un par de ocasiones me armé de valor e invité a una chica a un concierto o a la única película permitida en mi campus en aquellos días, "La vida de Martin Lutero". Pero si ella decía que sí, la velada siempre conducía a momentos de vergüenza insoportables por algunas salidas en falso de parte mía, reales o imaginadas, al punto de querer renunciar a las mujeres, al menos en el futuro cercano.

Al fin pude hacer algunos amigos en la universidad. Llegué a conocer a algunos muchachos lo suficiente como para pasar muchas horas matando el tiempo, comiendo pizza y jugando a las cartas, dejando todo para lo último en épocas de exámenes, burlándome de los oradores en la hora de convocación en la capilla universitaria, calificando a las chicas y discutiendo los grandes interrogantes hasta bien entrada la noche, seguros de estar abriendo nuevas brechas en los terrenos filosóficos. (Al final pude saber qué era eso de posmileniarista). Con todo, incluso como "mejores amigos", mantuvimos la mayor parte de lo que sentíamos acerca de nosotros mismos en secreto. Casi nunca compartimos nuestros temores más profundos, ni nuestra vergüenza, ni nuestra tristeza, ni nuestra confusión. No recuerdo que ninguno de nosotros admitiera haberse sentido herido cuando otra persona en el grupo hizo un comentario cruel. Sobre todo, exhibíamos un sentido de seguridad casual propia de todo aquel que piensa que todo está bien. Si no nos sentíamos bien, tampoco nos sentíamos lo suficientemente seguros como para decirlo en voz alta.

¿Es mi experiencia la típica de los estudiantes universitarios de ayer y de hoy? En aquel entonces, hubiera dicho que no. Nunca hubiera adivinado que yo correspondía al estudiante típico. Estaba bastante seguro de que yo era la única persona que se sentía tan marcado por dentro por la falla y el miedo. De eso se trata la vergüenza; siempre te distingue como si fueras un bien particularmente averiado. Por supuesto, tu vergüenza es una de las cosas de las que te avergüenzas, por lo que nunca le contarás a nadie cómo te sientes acerca de ti mismo, y nunca tendrás la oportunidad de escuchar que otros se sienten igual.

A medida que he ido creciendo, he llegado a sospechar que muchos de nosotros sentimos lo mismo. Por ejemplo, he encontrado que con una frecuencia bastante alta la gente parece dejarse engañar por mis disfraces normales. Cuando le menciono a alguien cuán inseguro me siento en una situación en particular, cuán nervioso estoy antes de dar una charla en público o cuán tímido soy cuando estoy con extraños, por lo general se sorprenden. Ellos también se sienten de esa manera pero no se pueden imaginar que yo pueda sentirme igual. "Estás tan relajado, confiado y cómodo, como si estuvieras en casa, dentro de tu misma piel", dicen. Por supuesto, les digo, ese es mi disfraz. Lo he practicado durante años. Y luego me doy cuenta de que tal vez eso es lo que todos estábamos haciendo en la universidad, practicando nuestros disfraces, incluso aquellos estudiantes que parecían, a mis ojos, tan relajados, confiados y cómodos en sus roles sociales. Tal vez, por dentro, estaba tan asustados y se sentían tan ridículos como yo.

Aquí hay otra pista. Durante los últimos treinta años he enseñado a estudiantes universitarios en un programa académico no tradicional en una pequeña comunidad en las montañas del sur de Oregon. Nuestros estudiantes llegan cada otoño, varias docenas de ellos, luciendo, se podría decir, ojos despabilados y energía desbordante. Llegan con grandes planes. Son ellos los que se van a estudiar con disciplina, engolosinarse con los libros, van a concebir pensamientos profundos, a discutir las grandes ideas. La mayoría parece estar a gusto consigo mismos y felices de ser quienes son.

Así que la primera noche nos sentamos en un círculo frente a una gran chimenea de piedra y nos presentamos. Es un momento incómodo; un grupo de extraños tratando de causar una buena impresión. Algunos tratan de ser graciosos, algunos misteriosos. Otros nos impactan con sus hazañas de verano. Los de más allá describen una serie de objetivos impresionantes para el semestre. Los de más acá se conforman con decir muy poco. Las máscaras que muchos de ellos llevan a menudo dicen algo así como: "Soy una persona relativamente brillante y capaz, tal vez un poco más brillante y más capaz que tú, pero también soy una buena persona, así que no voy a restregártelo en la cara. Veo que voy a caer bien aquí, y que me vas a gustar, y después de todo ¿no es la vida en las montañas maravillosa? ¡Qué lugar más seguro para pasar un semestre!".

Pero esa es solo la primera noche. Y esas son las máscaras. Para la tercera o cuarta semana, y algunas veces antes, las máscaras ya han empezado a caer. Es ahí cuando comenzamos a confiar el uno en el otro y estamos listos para compartir más de la verdad sobre nosotros mismos. En momentos de honestidad, a menudo escuchamos una melodía diferente. "Esa primera noche que estuvimos aquí y dimos la vuelta al círculo presentándonos, me sentí como un tonto de marca mayor. "¿Cómo me metí en esto?", me preguntaba. "Toda esta gente que habla, todos suenan muy maduros, experimentados y talentosos. Soy un tonto en un grupo de genios. Un impostor.

Basta que se organice el primer grupo de discusión para que todos descubran cuán idiota soy. ¿Cómo puedo salirme de aquí sin avergonzarme?". Este testimonio proviene tanto de los estudiantes que en la primera noche intimidan a los demás con su frescura y profundidad, como de los que muestran su nerviosismo más abiertamente.

Me pregunto si no es casi universal que, en diversos grados, experimentemos el mundo como un lugar inseguro, un lugar donde no podemos ser realmente nosotros mismos, uno en el que no podemos estar seguros de que vamos a ser aceptados, de que vamos a ser amados pase lo que pase. Me arriesgaría a adivinar que en la mayoría de nosotros, en medidas relativas, se esconde una persona que se siente pequeña, tal vez patética o ridícula o confundida o inadecuada, y con frecuencia bastante asustada. La mayoría aprendemos a adaptarnos tan convenientemente a esa dolorosa realidad, que tal vez pasamos nuestros días sin centrarnos en el paisaje interior, casi olvidándolo. Y para mantenerlo alejado de los demás, cada uno de nosotros parece sentirse atraído por nuestro propio conjunto de disfraces.

Algunos de nosotros somos particularmente poderosos, exitosos o seguros de nosotros mismos. Obtenemos buenas calificaciones, nos desempeñamos bien en el deporte o en la música, siempre tenemos a flor de labios la palabra adecuada, usamos la ropa adecuada, pasamos el rato con los amigos adecuados, exhibimos una sonrisa que hemos perfeccionado a fuerza de mucha práctica. Otros apelamos a trucos menos obvios, como el silencio o la ira o el cinismo o el aislamiento físico, para evitar que otros vean lo mal que nos sentimos acerca de nosotros mismos. Pero, en secreto, ¿no solemos sentir que somos fundamentalmente deficientes como seres humanos? ¿No tenemos cuidado de no llegar a exponernos en toda nuestra ridiculez, no sea que todo el mundo lo vea? ¿No es esto una señal de que, para la mayoría de nosotros, el mundo no es un lugar muy seguro?

¿De dónde viene todo eso? La verdad es que, si lo piensas, el mundo es, de alguna manera, un lugar peligroso. El miedo parece ser inherente al mundo animal. Los biólogos evolutivos piensan que el miedo es lo que alimenta la lucha por sobrevivir. Los animales con instintos de miedo más agudos se han adaptado con mayor éxito al mundo natural en el que perro-come-perro. Donde yo vivo, suelo ver ciervos en su hábitat natural. Lo que me sorprende es su estado de alerta perpetuamente agudo. Un ciervo se inclina para obtener una bocanada de hierba, pero no por mucho tiempo. Rápidamente y a menudo levanta su mirada y desaparece ante el más mínimo ruido. Parece el animal más alerta y nervioso del mundo. Probablemente todavía esté vivo, masticando en el bosque, porque ha estado nervioso; de lo contrario, uno de nuestros leones de montaña locales se lo habría despachado en un delicioso almuerzo. Para los animales, que viven en un mundo inseguro, que pueden herir y morir, el miedo parece ser una herramienta necesaria para la supervivencia.

Cuando niños quizás no éramos muy diferentes. Éramos algo pequeño, tierno, con una creciente autoconciencia y egos fácilmente aporreados, por lo que nos podrían haber herido de muchas maneras más que como a un ciervo. Necesitábamos sobrevivir, no solo física sino emocionalmente. Es como si hubiésemos venido al mundo con una pregunta en nuestras mentes, no una que pudiéramos expresar en palabras, pero si una que sentíamos dentro de nosotros. Esa pregunta es: ¿Este mundo es un lugar seguro para mí? Si soy yo, ¿me atenderán, aceptarán, afirmarán y amarán? Si yo soy yo, ¿la gente me honrará y me tratará con respeto?

Los padres tienen la responsabilidad increíble de tratar de hacer que el mundo sea seguro para que el niño sea auténticamente él mismo. Lo hacen tomando en serio las necesidades del niño, estando siempre presentes con una respuesta amable y afectuosa. Esta es una tarea abrumadora y desalentadora, incluso para aquellos padres cuyas necesidades propias de la infancia fueron satisfechas de tal manera que saben por instinto cómo adaptarse a las necesidades de sus hijos. Los padres más afectuosos fracasan de innumerables maneras pequeñas, y los que no se sienten a la altura de las exigencias, los padres presa del egoísmo, el enojo, la ansiedad, los perfeccionistas y controladores —los padres como yo— fracasan de maneras mucho más grandes.

Las ráfagas repentinas de ira que se descargan sobre un niño pequeño pueden hacer que el niño se sienta como si fuera muy malo en el fondo, y las dosis continuas de este tratamiento sentarán las bases para una sensación de vergüenza que puede durar toda la vida. Un padre que ignora al niño, o se ríe del niño, o lo critica, le da la impresión de que, en esencia, él o ella son fundamentalmente deficientes o ridículos. Estas rupturas repentinas en la seguridad de las relaciones entre padres e hijos le enseñan al niño que no es un mundo seguro en el que una persona pueda ser ella misma, sentir lo que siente, necesitar lo que necesita, y el niño comienza a operar por miedo a que si el yo interior está expuesto, él o ella perderá el amor de las personas más importantes.

Sería bueno pensar que las familias cristianas son inmunes a estos problemas humanos, pero ninguna familia es inmune. De hecho, las familias cristianas, a pesar de sus buenas intenciones y amor sincero, a menudo hacen del mundo de sus hijos un lugar aún más peligroso, incluso cuando intentan hacer lo contrario. El mundo del siglo XXI está plagado de peligros para el cuerpo y el alma. La cultura adolescente, en particular, ofrece infinitos caminos hacia la ruina. Los padres cristianos trabajan más duro que la mayoría para asegurarse de que sus hijos sigan siendo buenos, desarrollen su carácter, conozcan la diferencia entre lo correcto y lo incorrecto, y tengan lo que se necesita para hacer el bien. A menudo, en su ansiedad y con las mejores intenciones, son excesivamente controladores; moralizan y escudriñan, evalúan y juzgan.

Si venimos de familias como esta, podemos sentir la presión de ser buenos pero nunca la libertad de ser nosotros mismos. Podemos aprender que la apariencia de un buen comportamiento o una fe profunda, por ejemplo, es lo que ganará la aprobación de los demás. Si internalizamos estos controles, incluso podemos tratar de asegurarnos de sentir lo correcto: que sentimos que amamos a nuestro hermano menor cuando en realidad, en ese momento, lo odiamos; que no nos permitimos sentirnos enojados o heridos cuando tenemos una buena razón para estarlo. No nos sentimos cómodos con nuestros sentimientos más auténticos: parecen malos, parecen amenazar el amor que necesitamos de los demás. Así que escondemos de los demás lo que realmente sentimos y, lo más dañino, lo escondemos de nosotros mismos. Llevamos una zona de peligro dentro de nosotros y nos sentimos inseguros incluso en las circunstancias más benignas.

Para muchos de nosotros, en efecto, vivimos bajo el escrutinio constante de un ojo acusador. Tenemos esta conciencia vaga y continua de que estamos siendo observados, y se siente como si el ojo que nos está mirando es el ojo de un enemigo, de alguien que se ríe de nosotros, o nos desprecia, o nos critica sin piedad. Cuando somos niños, este es el ojo, principalmente, de nuestros padres cuando nos desaprueban. Como adolescentes, a menudo es el ojo de nuestros pares, a los que imaginamos mirándonos con menosprecio. Como estudiantes universitarios, tal vez sea el ojo de un maestro el que nos escudriña con su mirada hostil. Y como cristianos, trágicamente, creo, muchos de nosotros experimentamos a Dios como un Gran Ojo, a menudo crítico y poco amable.

Hace unos años, me di cuenta de que no me gustaba Dios. Esta fue una sorpresa para mí. He sido cristiano desde cuando entregué mi vida a Jesús a la edad de siete años. He cantado himnos, memorizado versículos de la Biblia, rezado oraciones, todo en testimonio de mi amor por Dios y por su hijo Jesús. Podría decir sin engañarme conscientemente, pero también sin pensar mucho, que amaba a Dios. Pero cuando me enfoqué en mi experiencia real de Dios, me hice consciente de una incomodidad con él que bordeaba lo que yo llamaba "amor", me di cuenta de que en realidad no me sentía cerca de Dios. Durante años —cuando intentaba leer la Biblia, por ejemplo, o escuchaba sermones o trataba de orar sin hacer ningún contacto real—, sin admitirlo conscientemente, me sentía ambivalente y confundido acerca de Dios y, en realidad, muy lejos de Dios. Parecía que había llegado a un descubrimiento importante en ese momento, uno que había estado posponiendo inconscientemente. No me gustaba el tipo de persona que era Dios y, aunque admiraba a su hijo perfecto, Jesús, tampoco él me gustaba realmente. No me gustaban porque no me sentía seguro con ellos.

Desde ese momento de reconocimiento, he pensado mucho sobre mi relación con Dios. Creo que mi incomodidad comenzó muy temprano, justamente cuando experimenté a Dios como el tipo de persona cuyo amor es condicional y controlador. Mis buenos padres cristianos y muchos otros buenos cristianos lo han representado como interesado en que yo me porte bien. "Recuerda, Dios te está mirando en todo momento", decían. "No hagas nada que Jesús no haría, no vayas a ningún lado al que Jesús no iría, no sientas nada que Jesús no sentiría". Parecía como si a Dios no le gustara lo que realmente era. A Dios le gustaba su idea del Douglas perfecto, que se parecía mucho a un Jesús perfecto. Sin embargo, yo no podría jamás ser un Douglas perfecto o un Jesús perfecto. No es de extrañar que no me gustara Dios: él no me quería. Mientras imaginaba los ojos de Dios sobre mí, me sentí avergonzado.

Por supuesto, como a la mayoría de ustedes, siempre me dijeron que Dios me amaba, y por eso me tomó tanto tiempo entender estas cosas. Pero ahora puedo ver que la forma en que se describía el amor de Dios era en sí misma confusa. Dios me amó tanto, me enseñaron que dio a su único hijo, Jesús, para que muriera por mis pecados. Mis pecados eran muy malos a los ojos de Dios, tan malos que yo merecía sufrir para siempre en el infierno, pero Dios envió a Jesús a sufrir en mi lugar, y eso satisfizo el requerimiento de Dios de que se pagara una multa antes de que Dios pudiera darme la bienvenida a su familia y llevarme al cielo cuando yo muriera. Cuando todavía era niño esa historia sonaba bastante razonable. Mis padres parecían pensar que las malas acciones merecían un castigo, por lo que tenía sentido que Dios también castigara. Pero, a medida que fui creciendo y comencé a pensar en esa historia, y a leer más sobre Jesús, me empecé a incomodar con el Dios que ese relato describía.

¿Este Dios necesitaba lastimar a alguien antes de poder acercarse a mí? ¿Por qué Dios no podía simplemente perdonarme, como Jesús les pidió a sus discípulos que perdonaran a sus enemigos sin exigir un castigo previo, o como el mismo Jesús perdonó a sus asesinos en la misma cruz en que lo clavaron a pesar de que no pidieron ser perdonados? Me dijeron que Dios no podía hacer eso debido a los estrictos estándares de su justicia, que requiere una pena, pero un Dios que mata a alguien por lealtad a un principio abstracto no parece ser tampoco muy afectuoso. El Dios de esta historia parecía muy exigente: ¿por mis pecados infantiles me abandonaría para siempre en un lugar de tortura insoportable? ¿No es esta pena un poco desproporcionada para mi ofensa? Esto no sonaba tanto a amor. No podía imaginar a mi propio padre enviándome al infierno para siempre, sin importar cuánto lo hubiera ofendido. ¿No es el amor de Dios, al menos, tan indulgente y paciente como el amor de mis padres?

Me esforcé por creer en el amor de Dios, que me fue enseñado con tanta certeza, para corresponderle a Dios en su amor. Sin embargo, después de muchos años de intentarlo, tuve que confesar que había fallado. Podría decir que amé a Dios para que constara en el acta, pero realmente Dios no me gustaba mucho ni tampoco creía que yo le cayera muy bien. Aparte de algunos momentos de una fuerte carga emocional propiciada por la influencia de predicadores o de maestros energéticos, siempre me sentía distante de Dios. Cuando leía la Biblia, sentía que el gran Ojo antipático me escrudiñaba. Era difícil admitirlo, incluso para mí mismo. Después de todo, si el gran Ojo sintiera mi aversión, ¿no estaría doblemente condenado? En el fondo, no me sentía amado por Dios; sentía que para obtener su aprobación yo tendría que ser algo que no era, y que tal vez nunca podría ser. El Dios que mató a su hijo por mis pecados no parecía ser un Dios que inspirara confianza.

Las cosas han cambiado en las últimas décadas de mi vida. Admitir que no me agradaba ese Dios o que no confiaba en Dios fue un momento de plantearme una verdad que redireccionó mi camino espiritual. El viaje desde entonces ha sido sinuoso y a veces difícil, pero me ha dejado con una convicción tan profunda como cualquier cosa que sé o en la que creo. Ahora estoy bastante seguro de que el Dios del Gran Ojo es un Dios falso. El tal no es, y nunca ha sido, verdaderamente el Dios de Abraham, Isaac y Jacob. El tal no es el Dios de Pablo, el escritor de gran parte de nuestro Nuevo Testamento. El tal no es el Dios de Jesús. El Dios del Ojo Grande, estoy bastante seguro, es un Dios que los seres humanos han inventado, un Dios tan falso y dañino como cualquiera de los ídolos que los profetas del Antiguo Testamento criticaron. ¿Cómo hemos llegado a este punto de fraguar un Dios que a menudo se siente como nuestro enemigo para luego tratar de amarlo?

Dadas la ansiedad de la vida humana, la fragilidad del amor humano y la enfermedad de la autoacusación, tal vez era inevitable sentirnos pequeños, indefensos y ridículos, juzgarnos a nosotros mismos críticamente y rechazar lo que pensábamos que éramos en lo profundo de nuestro ser; tal vez era inevitable, repito, que proyectáramos esos mismos sentimientos en Dios. Tal vez el proceso de imaginar a un Dios exigente e implacable es muy similar al proceso de imaginar, en nuestra miseria y vergüenza, que las personas que nos rodean nos miran con desagrado incluso cuando tal vez solo nos desean el bien. Tal vez eso es lo que la historia en Génesis está tratando de enseñar cuando nos dice que Adán y Eva se escondieron en sus desnudeces en el Jardín del Edén. Parece que, invariablemente, los humanos proyectan en Dios su propio desprecio hacia ellos mismos, y luego sufren la mirada cruel de este Dios no querido e imaginario.

Sé que esto es difícil para algunos de ustedes. Lo fue también para mí por muchos años. Nuestra imagen de Dios está profundamente esculpida en nuestros cerebros, en nuestras entrañas. Hemos escuchado innumerables historias bíblicas, particularmente del Antiguo Testamento, que parecen apoyar ese Dios del Gran Ojo acusador; innumerables lecciones de Escuela Dominical que nos recuerdan que Dios conoce todos nuestros movimientos; y probablemente más de unos cuantos sermones sobre los terrores del infierno reservados para aquellos a quienes Dios encuentra deficientes. No podemos creer que los textos en los que se basan esas historias se puedan interpretar de otra manera que aquella en la que los escuchamos. Creo que cada uno de esos textos ha sido arrancado de su contexto, mal interpretado y mal utilizado, para representar a un Dios a quien Jesús no reconocería como el que llamó su padre.

Entonces, ¿quién es el Dios que Jesús vino a revelar? Para mi extrañeza, me he encontrado con ese Dios en aquel que murió, perdonando a sus enemigos, en una cruz hace dos mil años. Es una cruz que simboliza algo muy diferente a una herramienta que Dios usó para castigar a su hijo perfecto por mis pecados. Esa enseñanza ha dominado la visión de la cruz que ha tenido la iglesia durante casi mil años, y eso es suficiente.

El Dios que veo en la cruz, en su cuerpo quebrantado, revela una verdad sorprendente sobre quién es Dios realmente. Jesús posa allí colgado en una posición muy impía: desnudo, atado, herido, expuesto a nuestro desprecio, y, sin embargo, compasivo con quienes lo colgaron. ¿No empieza acaso la fe genuina en ese momento de conmoción cuando nos damos cuenta de que el Dios que está allá arriba velando por la tierra no es una figura de poder, gloria y majestad, al menos como definimos normalmente estos términos? ¿Que Dios se hace más presente para nosotros como alguien que es vulnerable, aparentemente impotente e infinitamente indulgente?

A los ojos de la fe, la crucifixión da testimonio de un Dios no convencional, casi increíble; no el Dios distante de los filósofos, ni el Dios sobredimensionado y exigente de toda religión humana, incluyendo la que se hace pasar por cristiana, sino más bien un Dios que ha soportado nuestro rechazo desde el comienzo del tiempo humano, que se ha negado y todavía se niega a considerar que nuestro rechazo es definitivo. Este Dios fue colgado, crucificado y despojado voluntariamente de todo poder, fue sujeto a nuestro malentendido y nuestro rechazo, es el que espera amando e implorándonos que reconozcamos cuán radical es Dios para nosotros. Es el Dios que nos implora que reconozcamos que, incluso en el peor de los casos, estará presente con compasión para que nada de lo que hagamos, pensemos o sintamos, en la vida o en la muerte, nos separe de su amor.

En esta seguridad hay salvación para la persona ansiosa, que duda de sí misma, que se acusa a sí misma, la persona que yo soy. El Gran Ojo poco amable de Dios se desenmascara como lo que es: una ficción. En Jesús, Dios viene a mí como un hermano que me conoce de la manera más profunda posible, que me ama infaliblemente, a quien le gusta y por eso celebra la persona que yo soy y solo quiere que yo me asuma en plenitud cada vez más. Sin embargo, este es solo el comienzo de la salvación. La triste realidad es incluso que si Dios y todos los demás seres humanos dejaran de mirarme de momento con ojos hostiles, aún yo no estaría libre de mi propia mirada desagradable. Necesito una nueva relación conmigo mismo tanto como necesito una nueva relación con Dios. Y esto también comienza en la cruz.

Aquello que nos ha enseñado a avergonzarnos de nosotros mismos —nuestro miedo, impotencia y vulnerabilidad— Jesús lo expuso abiertamente en el Calvario. La desnudez que simboliza nuestra humanidad ridícula, y que trabajamos duro para ocultar tanto figurativa como literalmente, Jesús voluntariamente la encarnó ante nuestros ojos "despreciando la vergüenza" de ella (Hebreos 12:2). Cuando los enemigos de Jesús le echaron encima todo su desprecio por él, ¿no estaban simplemente desplazando el desprecio que sentían por su propia carne humana y descargándola sobre la carne humana de Jesús? No es difícil creer que este desprecio por uno mismo, esta vergüenza que absorbemos tan profundamente en nosotros mismos desde nuestra experiencia más temprana, es la fuente de todo acto de desamor en el mundo, y por lo tanto la causa raíz de todo lo que la Biblia llama pecado.

Yo creo que es la tarea del Espíritu de Dios salvarnos de este pecado, de esta total alienación del yo, cuando nos permite mirar la cruz con nuevos ojos. En el Jesús moribundo no solo vemos un Dios humano; vemos a Jesús que nos revela nuestro propio yo humano, sin disfraz. Creo que es obra del Espíritu si en ese momento de reconocimiento, quizás por primera vez en nuestras vidas, respondemos con compasión y no con desprecio. Nuestros corazones se derriten de amor por la persona triste, solitaria y herida que ha vivido dentro de nosotros y que, como Dios, soportó nuestro rechazo desde que tenemos memoria. Reconocemos el ojo acusador como el producto comprensible de nuestros propios miedos y, en la euforia de una nueva sensación de seguridad, nuestros temores pierden gran parte de su poder. Escuchamos a un Dios humano e indefenso decir estas palabras liberadoras: "Aquí estoy, dispuesto a ser quien realmente soy, pero también a ser quien realmente eres. Ahora, ¿por qué no estás dispuesto a ser tú? ¿Por qué no te permites ser completamente humano para sentirte vulnerable, perdido y sangrando, y no avergonzado? Está bien sentir la misma compasión por tu propio yo más profundo y verdadero que Dios también siente. Está bien que tú seas tú".

Esta salvación, una especie de reunificación con todo lo que hay en nosotros, en los demás y en Dios, desencadena cambios radicales en nuestras vidas. Nos volvemos cada vez más libres para sentir y confesar nuestro propio dolor, nuestro propio miedo, nuestra propia impotencia. La vergüenza pierde la fuerza con que nos sujeta y comenzamos a revestirnos de nuestra desnudez con mayor franqueza. Los demás dejan de sentirse amenazados, se sienten más seguros en nuestra presencia, por lo que se vuelven más honestos con ellos mismos, y nuestras relaciones se vuelven más auténticas de lo que eran cuando todos nos escondíamos detrás de nuestros disfraces glamorosos. En estas reconexiones vitales con nosotros mismos, con los demás y con Dios, nos sentimos más plenamente nosotros mismos, más vivos. ¿No es esta la noticia de gozo que anuncia la resurrección de Jesús, que el camino de la cruz —este abrazo de nuestra propia vulnerabilidad y debilidad y dolor, que para nosotros con tanta frecuencia se siente como la muerte misma— es en realidad el camino a la vida?

Cuando el apóstol Pablo escribió a la iglesia de Corinto acerca de la cruz, les recordó la insensatez —o, como él dijo, el escándalo— de todo este drama. ¿Cómo puede la abyecta debilidad, la patente insensatez de un Dios moribundo ser la fuente de nuestra salvación? Y sin embargo, dijo, para aquellos que creen, eso es exactamente lo que es. Yo soy uno de los que creen. Para mí, la cruz se ha convertido en una especie de espejo. En su reflejo me veo como soy cuando soy libre de habitar mi humanidad completa: herido, debilitado, pero sin vergüenza y amoroso hacia mis enemigos como lo estoy hacia mí mismo. El rostro reflejado en este espejo no es solo mío. También es de Dios. Es el rostro herido de un Dios que, como Emanuel, es uno conmigo en mi sufrimiento y me muestra la parte de Dios que se ha quebrantado para poder reconciliarme por completo con la parte mía que también se había resquebrajado. Cuando puedo ver en el espejo de la cruz el rostro de Dios, el rostro de mi prójimo y mi rostro, los tres al mismo tiempo, sé lo que significa que Dios está más cerca de mí que yo mismo. Y en ese momento, finalmente estoy a salvo.

Estas son las buenas noticias: dado que Dios está tan extravagante y escandalosamente con nosotros, ¿quién, incluyéndonos a nosotros mismos, puede estar en contra de nosotros?

En este sermón dado en la capilla de la universidad, Frank comunica potente y gráficamente la importancia salvífica de la cruz como revelación: revelación de un Dios fundamentalmente diferente al Dios del ojo acusador que experimentó como joven y revelación, a través de Jesús, de un ser humano auténtico. Frank comunica acertadamente el potencial de transformación de esta doble revelación en la cruz de una manera contextualmente apropiada. Si se presentara como la única explicación de la obra salvadora de la cruz, podría criticar esa perspectiva en razón a todo lo que deja por fuera. Sin embargo, celebro que reconocer la necesidad de utilizar imágenes diversas y múltiples para capturar el significado de salvación total de la cruz y la resurrección crea espacios para una presentación como la que Frank nos ofrece. Si limitamos nuestra proclamación del evangelio a una sola imagen, se pierde el significado revelador completo de la cruz.

MUCHO MÁS QUE UNA CRUZ

11

JESÚS, EL EXCLUIDO FINAL

Michael McNichols

Existen contextos culturales, como Asia o muchas culturas indígenas en América Latina, que usan el honor y la vergüenza, más que la culpa, para perfilar la conducta.[1] Decir, sin embargo, que algunas culturas están más orientadas hacia la vergüenza y otras más orientadas hacia la culpa no significa que la primera no experimente la carga de la culpa ni que la última no experimente una vergüenza debilitante. La Biblia presenta la obra de la cruz como una liberación de ambas, y haríamos bien en no limitarnos únicamente a las imágenes de la salvación desde la culpa o solo a las imágenes de la salvación desde la vergüenza. En el siguiente sermón, Michael McNichols nos proporciona un excelente ejemplo de aproximación al tema de la vergüenza de una manera que se conecta con su audiencia en un contexto que más típicamente se describiría como cultura de inocencia y falta, y que con más frecuencia escucha la cruz relacionada con el problema de la culpa. Este es el sermón que predicó en *Soulfarers Community*, una iglesia de *La Viña* a 35 millas al este de Los Ángeles, en Fullerton, California.[2]

---

[1]. Para ahondar más en el tema, ver Jayson Georges, *El evangelio en 3D: Cómo presentar el evangelio en culturas de culpa, la vergüenza, y el temor*, Editorial Desafío, Bogotá, 2016; Jayson Georges y Mark D. Baker, *Ministering in Honor-Shame Cultures: Biblical Foundations and Practical Essentials*, IVP Academic, Downers Grove, Illinois, 2016; y los caps. 5, 6, y 8 en Marcos Baker, *Centrado En Jesús: Teología Contextual*, JuanUno1 Ediciones, Buenos Aires, 2017.

[2]. Domingo, 1.° de abril de 2001.

Hoy es el quinto domingo de Cuaresma. Durante esta temporada del calendario litúrgico hemos estado considerando lo que significa estar delante de Dios como alguien que ha sido separado de él. Hemos reflexionado sobre cómo la muerte de Jesús en el calvario tiene el poder de llevarnos a un lugar de restauración; a Dios.

Vamos a comenzar observando un pasaje dramático en el evangelio de Mateo, capítulo 27, versículos 3-5:

> Cuando Judas, el que lo había traicionado, vio que habían condenado a Jesús, sintió remordimiento y devolvió las treinta monedas de plata a los jefes de los sacerdotes y a los ancianos. —He pecado —les dijo— porque he entregado sangre inocente. —¿Y eso a nosotros qué nos importa? —respondieron—. ¡Allá tú! Entonces Judas arrojó el dinero en el santuario y salió de allí. Luego fue y se ahorcó (Mateo 27:3-5).

Este texto sombrío viene justo antes de que el horror de la crucifixión descendiera sobre Jesús. Judas —el que respondió al llamado de Jesús a seguirlo, el que, junto con los otros discípulos, fue una respuesta a la oración de Jesús, el que compartió el pan y el vino con él en la última cena— entregó a Jesús a los líderes religiosos que se aseguraron de que fuera condenado por los romanos y sentenciado a muerte.

Parece que Judas lamentó lo que había hecho. Mateo dice que Judas se arrepintió del error que había cometido. Incluso confesó su pecado a los mismos líderes que deberían haberlo ayudado: "He pecado porque he entregado sangre inocente", pero ellos no fueron de ayuda. Le dieron el peor consejo posible: "¡Allá tú!" ¿Cómo podría Judas hacer eso? ¿Cómo, por su propio poder, podría Judas arreglar lo que había hecho?

Él no podía. Él sabía que no podía. Tomó la única ruta

que creía estar abierta para él: quitarse la vida y alejarse permanentemente de la presencia de aquellos que estaban fuera de la ofensa aparentemente imperdonable que había cometido.

¿Qué fue lo que llevó a Judas a un lugar tan oscuro y desesperante? ¿Culpa? Probablemente no. Él era culpable, por supuesto, pero incluso los menos devotos del pueblo judío sabían cómo lidiar con la culpa; había rituales religiosos diseñados para tratar este tema. No. Era algo que surgió de su propia culpa y echó raíces en su corazón como semillas malignas de un tumor canceroso. Algo llamado *vergüenza*.

¿Qué es la vergüenza? El Dr. Ray Anderson dice lo siguiente:

> La vergüenza es la pérdida percibida de nuestro lugar con los demás. Aquellos que tienen el poder de crear nuestra historia tienen el poder de hacernos sentir dignos o indignos en el centro de nuestro ser. Como nuestro ser depende de cómo nos ven los demás, sentimos la vergüenza como la pérdida del ser. Es este profundo sentido de la vergüenza, que parece privarnos de nuestro derecho a existir, que lleva a muchos al borde de la culpa y al suicidio.[3]

Judas se vio a sí mismo como alguien que había perdido su lugar con los otros que *no* habían traicionado a Jesús. No podía imaginar a ninguno de los otros once discípulos haciendo algo tan horrible como lo había hecho él. Se apresuró, entonces, a terminar con el dolor insoportable de no poder volver a entrar en ese círculo de intimidad que había vivido durante tres años en presencia de Jesús. No esperó a descubrir que Pedro le había dado la espalda a Jesús de una manera cobarde, alegando que ni siquiera sabía quién era. Los otros simplemente habían corrido a esconderse cuando Jesús cayó en poder de los romanos.

---

3. Ray S. Anderson, *The Gospel According to Judas,* Helmers & Howard, Colorado Springs, 1991, p. 21.

El único de los doce que se acercó a la cruz en la que habían clavado a Jesús fue Juan, que acompañó a las mujeres, las únicas valientes a quienes se les pudo ver públicamente como las amigas de Jesús.

Judas nunca pudo descubrir que su vergüenza, aunque real, no era el separador definitivo que él creía. Los fracasos de sus antiguos compañeros no disminuían la severidad de la violación de Judas, pero destruían la ilusión de que los amigos cercanos de Jesús existían en un ambiente puro en el que Judas no podía volver a entrar.

Cuando los antiguos griegos hablaban de la vergüenza, comunicaban la idea de ser feos o desfigurados. Las palabras que usaron para referirse a la vergüenza daban una imagen de alguien que estaba fuera de la órbita de respetabilidad, alguien confundido y cabizbajo.

¿No es así como la vergüenza nos impacta? Lo hace sentir a uno como un leproso impuro cuya presencia ya no es permitida entre gente limpia debido a su fealdad.

Cuando usted era un niño en la escuela, ¿alguna vez lo descubrieron haciendo trampa en un examen y un profesor lo señaló públicamente? De repente, estaba fuera del círculo de la competencia limpia. No había nada que pudiera hacer para arreglarlo.

¿Qué tal si supiera que todos los demás en la clase también estaban haciendo trampa? Puede que esté enojado porque ser el único al que atraparon, pero probablemente no sentiría ningún sentimiento profundo de vergüenza. Después de todo, podía permanecer en buena compañía.

Una de las pesadillas más comunes que experimentan las personas es descubrir que de repente se está desnudo en un lugar público. Usted entra en el vestíbulo de una sala de cine y todo está bien. Luego mira a la ventana y ve su propio cuerpo completamente desnudo reflejado en el cristal. Y así como se da cuenta de que está desnudo, todos los demás también lo descubren. Es como una epifanía grupal y usted es el centro de la revelación de todos.

Ahora, si de repente descubre que usted y todos los demás en el edificio están desnudos, podría ser inusual e incluso gracioso, pero al menos se puede mezclar con la multitud.

Es fácil entender por qué el mundo antiguo relacionó la vergüenza con la desnudez. Todo se remonta al principio cuando Adán y Eva se apartaron de Dios y de pronto tomaron conciencia de ellos mismos. Su desnudez era ahora un problema e intentaron todo lo que pudieron para ocultar ese dato de ellos mismos y de Dios.

Tenemos muchos disfraces para la vergüenza:

Podemos negarla. No es gran cosa. O bien, nadie tiene por qué saberlo. Es algo privado.

Llevamos dentro de nosotros nuestros propios secretos oscuros, engañándonos continuamente, creyendo que nada de eso importa, pero vivimos con el temor de que, algún día, estos secretos se revelarán quedaremos expuestos y cubiertos de vergüenza.

También podemos correr. Cuando creemos que hemos quedado descalificados de los demás por nuestras acciones, podemos redirigir nuestras vidas para aislarnos, esperando que en nuestra clandestinidad el dolor de la vergüenza no nos alcance.

La serie de balaceras en los colegios de secundaria en Estados Unidos me lleva a preguntarme si en sus raíces no está presente como fuerza activa el matoneo del que son víctimas tantos adolescentes ¿Puede una persona joven, empujada al borde mismo de su propio mundo cultural y avergonzada y humillada a diario, superar ese límite y matar a quienes la torturan? Así parece.

Cuando Jesús fue a la cruz, Dios abrazó la muerte humana. La muerte que era la consecuencia que acarreamos al cargar con la culpa que proviene del pecado —errar al blanco, desviarnos del camino, alejarnos de Dios— se convierte en la muerte de Dios, muerte que se hizo concreta en Jesús. Ahí, sin embargo, en eso, la muerte pierde su poder.

En la muerte de Jesús nuestra culpa se vuelve impotente pues encontramos el perdón y la reconciliación con Dios. Pero hay algo más que debe perder su poder: *la vergüenza*. En la muerte de Jesús, nuestra vergüenza también muere.

En términos concretos ¿cómo puede suceder eso? *Sucede en la medida que Jesús experimenta nuestra vergüenza con nosotros*. Al compartir nuestra vergüenza Jesús la lleva a la cruz, al lugar de la muerte, y la vergüenza pierde su poder sobre nosotros.

Volvamos a Judas por un momento. Debido a su crimen, Judas se vio a sí mismo incapaz de volver a entrar en el círculo de aceptación de Jesús. Se había convertido en un extraño. Lo que Judas no esperó a descubrir fue que *Jesús ya se había convertido en el último excluido, el excluido final.*

- Por iniciativa de sus propios compatriotas, Jesús fue atado y arrastrado ante varios tribunales de juguete.
- Antes de ser crucificado, Jesús fue golpeado y escupido por los guardias romanos mientras el proceso de deshumanización en su contra seguía su curso.
- Justo antes de ser clavado en la cruz, Jesús fue desnudado; su desnudez se convirtió en parte del espectáculo público de la muerte del criminal.
- Y esto tuvo lugar fuera de la ciudad, fuera del lugar donde transcurría la vida normal y respetable. Fue desterrado del mundo de los hogares, de la familia y los amigos, del trabajo y el juego. Ahora asumió la identidad del criminal condenado: siempre sería un excluido.

En la película *Second Best,* William Hurt interpreta a un administrador del correo galés de edad mediana que se ha quedado solo en el mundo. Sus padres han muerto y él nunca se casó. Decide, entonces, que le gustaría adoptar un niño para poder tener una familia. Es así como ingresa en el difícil proceso de adopción y establece una conexión con un niño de diez años con problemas que ve al administrador del correo como un vehículo para volver a estar en contacto con su padre, un exconvicto. El muchacho adora a su padre y añora el día en que puedan volver a estar juntos. El administrador del correo continuamente se acerca al chico, pero una y otra vez es rechazado. Un día, el padre del niño aparece inesperadamente, pero en lugar de aparecer como un libertador fuerte y aventurero, llega como un hombre destruido, devastado por las últimas etapas del SIDA que padece, e incapaz siquiera de cuidarse a sí mismo. En un sentido conflictivo de compasión, el administrador del correo lo acompaña en sus últimos momentos hasta que muere.

El muchacho se ve desgarrado por la desilusión y la vergüenza que lo envuelve y comienza a comprender la terrible verdad sobre su madre y su padre, que lo han abandonado para ir tras sus propias actividades. En esta escena, el chico finalmente lleva su vergüenza al único lugar donde sabe ir:

[*En este momento se muestra una escena de la película.* La escena muestra al muchacho que huye de la casa del administrador del correo en medio de la noche, devastado por la imagen de su padre destrozado. El chico toma una pala del jardín, se dirige a las colinas, hace un agujero, se envuelve en una bolsa de dormir y se arrastra dentro. El administrador del correo descubre la ausencia del niño y va a buscarlo. Cuando lo encuentra, el chico no responde y se resiste a salirse del agujero en forma de tumba en el que se encuentra. Así que el administrador del correo recoge la pala y agranda el hueco, hace espacio para sí mismo y se coloca en el hoyo, al lado del niño. Por la mañana, estando ya los dos despiertos, el administrador del correo le dice al niño que lo ama profundamente, pero que él es libre de rechazar su amor. Lo que él no va a hacer, dice el administrador del correo, es convertirse en "la segunda mejor opción" para el muchacho. Al final, cuando regresan a casa, el niño lo alcanza y toma su mano.]

Algunos de nosotros nos preguntamos por qué, incluso después de ser rescatados, incluso después de decir "sí" al maravilloso regalo de perdón de Dios en Jesús, todavía queremos meternos en el agujero que hemos cavado y morir. "Solo cave su propia tumba, recuéstese, cúbrase con arbustos, ramas y tierra, y nunca más vuelva a mostrarnos la cara". Eso es porque, mientras el poder de la culpa y del pecado ha muerto, el poder de la vergüenza aún proclama su mentira: *que seguimos mereciendo la muerte*. No tener nada, ser nada, sentir nada.

Sin embargo, hasta ese agujero en la tierra llega Jesús para unirse a nosotros. Cuando hemos ido al lugar donde pensamos que nadie nos encontraría, descubrimos que Jesús está allí con nosotros, que ha aceptado voluntariamente nuestra vergüenza como propia. Y en compañía del excluido último, nos convertimos en los mejores incluidos, podemos vivir dentro del círculo del amor de Jesús, donde la vergüenza ya no puede ser nuestra identidad.

El escritor del libro de Hebreos nos dice que nunca debemos quitar nuestros ojos de Jesús en este viaje llamado vida.

> … el iniciador y perfeccionador de nuestra fe, quien, por el gozo que le esperaba, soportó la cruz, menospreciando la vergüenza que ella significaba, y ahora está sentado a la derecha del trono de Dios (Hebreos 12:2).

En la cruz, Jesús abraza y experimenta nuestra muerte; en su muerte, el poder del pecado para dominarnos se destruye y la muerte eterna se aniquila. No hay más ilusión; no puede haber vida sin Dios.

En su muerte, Jesús también destruye nuestra vergüenza porque la verdad sobre todos nosotros ya fue puesta al descubierto; no tenemos el poder de rescatarnos a nosotros mismos. Nuestra vergüenza no se destruye porque no tengamos pecado; se destruye porque se rompe la ilusión de que solo otras personas se han ganado el derecho de ser aceptables ante Dios, y no nosotros. Jesús muere una muerte humana y muere con y para nosotros; muere una muerte vergonzosa y destruye el poder que la vergüenza reclama para cautivarnos, aislarnos y deshumanizarnos.

Hay un componente de verdad en nuestra vergüenza. Ella es una respuesta apropiada a nuestras propias vidas y acciones a medida que reconocemos quiénes somos ante Dios. La falsedad consiste en que nuestra vergüenza nos empuja fuera del alcance de Dios.

[Distribuir clavos]

Los clavos que tienen en sus manos ciertamente son muy diferentes de los que se usaron para asegurar a Jesús en su cruz. Quiero que simbolicen algo importante hoy, pero no la culpa de ser nosotros los que le ponemos los clavos a Jesús. No. Más bien, sostenga cada uno su clavo, sientan su textura y fuerza implacables. Imaginen que estos clavos son símbolos de la vergüenza que se atornilla en nuestra alma y nos mantiene siempre afuera, como excluidos incapaz de ver lo que sucede en el círculo interno del amor de Dios. Imaginen que los clavos de la vergüenza los han penetrado.

Ahora piensen en Jesús en la cruz. Piensen en él yendo allá sin que lo forzaran. Imagínenlo mientras pasa junto a ustedes, camino al lugar de la muerte, quitándoles los clavos de la vergüenza que se habían alojado en sus cuerpos y llevándolos a la cruz. Esos clavos ahora no tienen ningún poder para excluirlos del gigantesco círculo de amor de Dios.

Para algunos esto será un recordatorio del gran trabajo que Jesús ya ha hecho en sus vidas para liberarlos del dominio que la vergüenza ha tenido en ustedes. Para otros, este será un momento para que experimenten, quizás por primera vez en la vida, el resquebrajamiento del poder de la vergüenza en ustedes, para que por el poder de Dios, el poder de su Espíritu, salgan con sus cabezas en alto. Puede que hoy se conviertan en personas incluidas en el círculo de amor de Dios.

Al acercarse hoy a la mesa de Jesús, traigan sus clavos. Pongan esos clavos en los platillos que están cerca de la mesa. Dejen allí su vergüenza y luego vengan a la mesa que Jesús ha preparado para ustedes.

La vergüenza no se disipa ni cura de la misma manera que la culpa, porque la culpa se centra en una acción y la vergüenza en el yo. Mientras que la culpabilidad está ligada a los temores de castigo por una fechoría, la vergüenza está vinculada a los temores de rechazo y exclusión por no cumplir las expectativas de los demás. El castigo aliviará la culpa, pero no eliminará la vergüenza. El amor, sin embargo, destierra la vergüenza. Por lo tanto, el elemento relacional de la obra salvífica de la cruz y la resurrección es evidente en este capítulo.

Quiero resaltar la forma en que McNichols ha usado los clavos de una manera muy diferente a como se usan comúnmente en las presentaciones que se ajustan a la teoría de la sustitución penal. Aplaudo la forma en que él lo hace porque ilustra la posibilidad de reinterpretar en lugar de descartar los símbolos de satisfacción penal.

McNichols termina su sermón con una invitación que es significativa para los cristianos, y que es también evangelística para los no cristianos. De hecho, cuando él predicó este sermón, una mujer que había sido una feroz y dedicada atea anticristiana respondió positivamente a la invitación, puso su confianza en Jesús y se convirtió en miembro de esta comunidad de fe.

MUCHO MÁS QUE UNA CRUZ

12

LA DEFENSA DE MI PADRE
Ryan Schellenberg

Al igual que Mike McNichols en el capítulo anterior, Ryan Schellenberg se centra en el tema de la vergüenza al proclamar el significado salvífico de la vida, la muerte y la resurrección de Jesús en un contexto norteamericano. Schellenberg, canadiense, al desarrollar esta narración metafórica tenía en mente aquellos que han vivido bajo la mirada atenta de una comunidad evangélica conservadora unida y cerrada.[1]

Crecí siendo el hijo de un pastor, una ocupación peligrosa en el mejor de los casos, que se vuelve aún más riesgosa que caminar por un campo minado cuando la iglesia de tu padre se encuentra en una comunidad rural, pequeña, conservadora y aislada. Gracias en parte al comentario espontáneo de Pablo de que alguien que no puede mantener a sus hijos en línea probablemente no pueda ser el padre eficaz de una iglesia (1 Tim 3:4-5) —y en parte gracias también a la notoria predilección por el escándalo propio de la gente de los pueblos pequeños— la reputación y efectividad de mi padre en el ministerio estaban íntimamente relacionadas

---

1. Schellenberg hizo esta presentación ante sus compañeros de seminario en el Fresno Pacific Biblical Seminary en Fresno, California en abril de 2005.

con la decencia de mi comportamiento tranquilo y callado. Pronto aprendí que saltar de una lápida sepulcral a otra en el cementerio de la iglesia después de un servicio dominical era inadmisible, y que aunque estaba bien mover los pies sobre la alfombra del santuario, me correspondía la tarea de encontrar maneras de descargar la acumulación de energía estática sin dejar en el camino una estela de víctimas. Ser el hijo de un pastor es un trabajo difícil para cualquier persona, y particularmente para un niño de diez años con una propensión innata a las travesuras.

    Un domingo por la tarde, antes de que se me advirtiera debidamente respecto del perfil de mi trabajo como hijo de pastor, mi familia invitó a almorzar a un venerable anciano, muy respetado miembro de la iglesia. No recuerdo su nombre, pero lo llamaré Abe Reimer, y considerando el reducido espectro de nombres reales en nuestra comunidad de los Hermanos Menonitas en ese momento, las probabilidades de que haya adivinado correctamente al menos su nombre o su apellido son bastante altas. Abe Reimer, supe más tarde, se había entristecido porque mi padre había introducido la Nueva Versión Internacional en nuestros servicios dominicales. Pero él era un hombre razonable. A diferencia de Victor Enns, quien daba a conocer sus convicciones con demasiada estridencia y aseguraba así que no pudo ganar seguidores en la iglesia, el Sr. Reimer no creía que la versión King James[2] fuera la única Biblia verdadera. Simplemente prefería las palabras familiares y líricas con las que había caminado por la vida. Nuestra comunidad valoraba y respetaba sus creencias humildemente articuladas.

    Este domingo en particular yo estaba en control de todas mis virtudes. Después del almuerzo, en lugar de correr afuera para jugar con mi hermano al fútbol —algo que mis padres ciertamente permitían en el día de reposo, pero que yo me temía podría ofender al señor Reimer—, me retiré con los hom-

---
2. La versión King James en inglés es como la Reina Valera en español.

bres a la sala de estar para tener una conversación edificante. Escuché respetuosamente, no interrumpí, y respondí a las preguntas corteses del Sr. Reimer con la mayor sinceridad. Pero en algún punto del camino, mi sinceridad me traicionó.

"¿Con qué te mantienes ocupado, Ryan?" —preguntó.

"Me gusta escuchar música" —respondí. Pensé que la música era un tema más apropiado para un domingo por la tarde que la fortaleza que yo había construido en el rastrojo cercano.

"¿Y qué tipo de música disfrutas?"

"Me gusta mucho Steve Taylor" —dije, imaginando ingenuamente que el favorito en nuestro hogar era igualmente apreciado por nuestros vecinos.

"No estoy familiarizado con Steve Taylor" —admitió Reimer— "¿Qué tipo de música canta él?".

"¡Oh, es genial!" —le expliqué— "Él canta música rock cristiana".

El Sr. Reimer frunció el ceño, y su mirada pasó de mí a mi padre, aunque respondió con el mismo tono ligeramente condescendiente que había usado al dirigirse a mí.

"Ryan, no existe música rock cristiana".

Confundido, yo también me volví para mirar a mi padre que permaneció sentado en silencio por un momento, observándome solemnemente. Para cuando mi padre habló, yo ya había logrado descifrar los dardos no verbales que volaban por la habitación. De alguna manera había cometido un error terrible. Evidentemente había ofendido al señor Reimer, y claramente había puesto a mi padre en una posición incómoda. Me sonrojé avergonzado, me hundí en el sofá y quise encontrar la forma de desaparecer.

Pero aunque yo había leído las pistas lo suficientemente bien como para estar avergonzado, también estaba molesto. No podía entender qué había hecho mal. Después de todo, fue mi padre quien compró el casete de Steve Taylor. A él también le gustaba la música rock cristiana, estaba seguro de que así era. Esto simplemente no era justo.

Después de un momento, mi papá se volvió hacia el Sr. Reimer. Sus ojos se habían animado y su rostro adquirió la intensidad que tenía cuando predicaba o contaba historias bíblicas.

"Bueno, Abe, no estoy seguro de eso" —respondió mi padre en voz baja. "Creo que algunos de esos músicos escriben canciones maravillosas".

Mientras me relajaba y el fuego en mis mejillas disminuía, mi padre sacó la letra del último disco de Steve Taylor y leyó al Sr. Reimer las palabras de una de mis canciones favoritas. Se titulaba "*Whatever Happened to Sin?*" ("¿Qué pudo haberle pasado al pecado?"), y mi padre explicó que era un intento de contrarrestar la tolerancia de nuestra sociedad al relativismo moral. Aunque no entendía la conversación, sabía que el ambiente que se había creado en esa sala era uno en el que yo debía estar, en el sofá junto a mi padre, al tanto de esta discusión de hombres.

Las repercusiones de la defensa de mi padre no fueron desastrosas. Como ya mencioné, el Sr. Reimer era un hombre razonable. Dudo que al salir de nuestra casa se hubiera convertido en un nuevo *fan* del género, pero tampoco la abandonó como un enemigo. Mi padre siguió siendo un pastor querido y apreciado, y su afición por la música rock cristiana pasó a un silencioso olvido.

La historia de Lucas sobre el ministerio de Jesús es sorprendentemente similar a la historia de esa tarde de domingo, aunque Jesús no se libró tan fácilmente como lo hizo mi padre. A lo largo del Evangelio, Lucas muestra a Jesús abogando por aquellos que el establecimiento religioso consideraba pecadores. Veamos brevemente el relato de Lucas:

Un sábado, al pasar Jesús por los sembrados, sus discípulos se pusieron a arrancar unas espigas de trigo, y las desgranaban para comérselas. Por eso algunos de los fariseos les dijeron: "¿Por qué hacen ustedes lo que está prohibido hacer en sábado?" (Lc 6:1-2).

Imagínense cómo se pudieron haber sentido los discípulos de Jesús. Este era un grupo variado de pescadores de Galilea. No estaban preparados para debates legales con estos ancianos intimidantes y respetados. Los fariseos conocían la ley; los discípulos no podían discutir. No podían hacer nada más que agachar la cabeza avergonzados. Eran como niños de diez años sorprendidos escuchando música rock un domingo por la tarde. Pero observen cómo respondió Jesús:

"¿Nunca han leído lo que hizo David en aquella ocasión en que él y sus compañeros tuvieron hambre? Entró en la casa de Dios y, tomando los panes consagrados a Dios, comió lo que solo a los sacerdotes les es permitido comer. Y les dio también a sus compañeros. Entonces añadió: "El Hijo del hombre es Señor del sábado" (vv. 3–5).

Observen cuidadosamente lo que hace Jesús aquí: él mismo y sus discípulos son iguales al legendario Rey David y su banda de hombres poderosos. Jesús defiende la dignidad de sus seguidores contra la acusación de la élite religiosa que ponen su identidad en peligro. Ellos no son una chusma de harapientos; los discípulos de Jesús son compañeros honorables del heredero esperado de David. Están bajo la protección del ungido de Dios.

La historia que Lucas relata acerca de Jesús está llena de tales encuentros. Al pueblo humilde y quebrantado de Israel —a quienes los fariseos devotos rutinariamente ponían en vergüenza— se le otorga una nueva dignidad cuando Jesús le proporciona un nuevo sentido de pertenencia. Los pecadores notorios se convierten en los invitados de honor de Jesús (7:36-50). Los "inmundos" también son hijos e hijas de Abraham (13:16; 19:9); ellos también pertenecen al pueblo de Dios.

Sin embargo, al reunir a la gente de virtud cuestionable en una nueva comunidad con sentido de pertenencia, Jesús corre el riesgo de despertar la indignación de los religiosos. Al igual que mi padre, que arriesgó su reputación para proteger mi dignidad, Jesús pone sobre la mesa su propio cuello para defender el honor de todos los hijos de Dios. Infortunadamente, los ancianos de Israel no eran tan caritativos como Abe Reimer. Los líderes influyentes y respetados de la comunidad religiosa se ofendieron profundamente y exigieron la renuncia de Jesús. Cuando su renuncia no fue recibida, Jesús fue despedido y públicamente humillado. Sí, esa cruz, ese "emblema de sufrimiento y vergüenza", fue la respuesta de los acusadores a la defensa de Jesús a favor de los hijos perdidos de Dios.

Imaginen otro final para la historia de mi tarde ese domingo en la zona rural de Saskatchewan, Canadá. Imaginen un invitado más parecido a los fariseos, que, después de escuchar la respuesta de mi padre, arremete en indignada condena contra Steve Taylor y todos los que escuchan su música abominable. Imagínense a mi padre, negándose a ceder, pero también sin deseos de replicar con indignación, reacio a pronunciar palabras que amenacen la dignidad de su invitado. Seguramente yo también me habría preguntado, como con toda seguridad lo debieron haber hecho los discípulos de Jesús en esa lejana oscura noche de viernes, cuál veredicto realmente importaba. ¿Es que acaso mi padre se ha equivocado? ¿Es demasiado débil para proteger su honor, y el mío, como para afirmar su punto de vista de manera decisiva? ¿Por qué no nos defiende?

Y ahora, para dar un gran salto de imaginación: ¿Pueden imaginarse la sorpresa de nuestro invitado cuando, después de, digamos, tres minutos de agonía y vergüenza, el mismísimo

Rey David, el salmista, entra en la sala y expresa en calma su respeto por la composición de Steve Taylor? (Sé que suena ridículo, pero ¿es más increíble que la resurrección?) ¿Y pueden imaginar mi deleite y mi orgullo exuberante si eso pasara? Soy bueno para granjearme la compañía más indicada después de todo, ¿no? Puede que solo sea un niño de diez años, pero soy interlocutor legítimo de esta conversación. Tengo un lugar aquí.

Por supuesto, esa no fue la última vez que mi padre me defendió, y no siempre yo era inocente cuando lo hizo. Pero ese día marcó un punto de inflexión en mi carrera como hijo de pastor. Como hijo de mi padre, intenté comportarme con tanta dignidad como con la que me trató. Pero yo no necesitaba defender el honor de mi padre ¡él estaba defendiendo el mío! Incluso cuando lo puse en una situación bastante incómoda, él no iba a dejar que me avergonzaran. Después de todo, yo era su hijo.

◆——— • • ◆ • • ———◆

Mientras que en el capítulo anterior la presentación de McNichols culmina en la cruz, el momento crucial de Schellenberg es la resurrección. Sin embargo, como muchos otros en este libro, Schellenberg retrata la vida, la muerte y la resurrección de Jesús como un todo coherente: tres momentos íntimamente relacionados en un solo evento.

La presentación se centra en cómo Dios proporciona la salvación *de* la vergüenza al afirmar nuestra dignidad como hijos de Dios. Aprecio, sin embargo, que Schellenberg también incluya la realidad *para la cual* somos salvos. Él apunta hacia el énfasis que el relato bíblico establece en la realización de nuestra nueva identidad como hijos de Dios que se hace concreta través de un comportamiento apropiado.

Al comentar sobre la presentación ante sus compañeros, Schellenberg señaló:

La historia disuelve la tensión entre las teorías objetivas y subjetivas de la expiación. El evento objetivo no es un cambio hacia obtener un estatus *quasi-legal*, sino que es una transformación real y concreta de la realidad social, una transformación que el protagonista experimenta y responde a través de una nueva comprensión (subjetiva) de su identidad personal y social. En consecuencia, la salvación es a la vez una realidad personal/espiritual y social/relacional.

En otro comentario que, como el anterior, se relaciona con los temas que discutí en los capítulos introductorios de este libro, observo que "la revelación del carácter de Dios en esta metáfora es casi una inversión exacta de la imagen de Dios postulado por el modelo de Anselmo: la cruz no se trata de satisfacer el honor de Dios; la cruz revela la voluntad de Dios de *arriesgar* su honor para proteger el nuestro".

Lo concreto de la experiencia de la vergüenza del niño de diez años probablemente le va a permitir a muchos conectarse con la historia, incluso aquellos que están por fuera de la subcultura evangélica conservadora. La realidad, sin embargo, es que la narración sería mucho más efectiva dentro de esa subcultura. Esto, sin embargo, es más una observación que una crítica. La presentación de Schellenberg cumple bien con el ideal de la contextualización. Es una presentación que expone el evangelio de una manera que conecta y desafía un contexto particular. La historia comunica el significado de la vida, la muerte y la resurrección de Jesús a través de imágenes tomadas de la experiencia concreta y cotidiana del evangelicalismo conservador e intenta desafiar la religiosidad sobre la cual se basa esa subcultura.

Finalmente, y en relación con este desafío, quiero aplaudir y resaltar dos aspectos de la historia. Primero, aunque Abe Reimer es un personaje "farisaicamente" religioso en la historia, Schellenberg deja ver las tonalidades de su carácter. Esto puede servir para recordarnos que los fariseos eran más complejos de lo que a menudo los caricaturizamos, y que, al igual que el Sr. Reimer y el Sr. Enns, los individuos fariseos ciertamente aportaron una variedad de motivaciones y grados de severidad a su práctica de legalismo religioso. En un sentido más cercano a nosotros, el retrato que Schellenberg hace de Abe Reimer nos empuja a reconocer algo de nosotros mismos en Reimer, en lugar de simplemente ponernos en la categoría de "no fariseos" solo porque no trazamos líneas de juicios críticos con la severidad que hace Victor Enns.

En segundo lugar, aunque el pecado del niño de diez años no era el centro de la historia, el muchacho no es del todo inocente. Sus intentos algo engañosos de impresionar al Sr. Reimer indican su elección de entrar él también en la maraña de religiosidad y mantenimiento de un estatus que rápidamente se convierte en el medio que propicia su caída. La narración de Schellenberg relata lo que ocurre en la sala de su casa, así como el pasaje de Lucas —con la que la compara— muestra una clara dinámica de víctima y victimario; sin embargo, la insinuación de la búsqueda del estatus por parte del niño a través de la religiosidad le recuerda al oyente que la línea de distinción entre víctima y victimario es borrosa y transita a través de cada uno de nuestros corazones.

MUCHO MÁS QUE UNA CRUZ

13

"PORQUERIOSIS"
Iván Paz

Iván Paz luchaba, en un curso de Cristología en el seminario, con el significado de la cruz para el contexto en que vive. Escribió algunos ensayos académicos sobre el tema, pero en medio del curso él tuvo la oportunidad de proclamar su importancia en la calle. En este capítulo describe la conversación que lo llevó a compartir una faceta de la joya del evangelio en su vecindario en Fresno, California. Le pedí a Iván que describiera su contexto.

> Aquí en el centro de la ciudad, el 58% de mis vecinos vive bajo el umbral de la pobreza; solo el 40% tiene un diploma de escuela secundaria; y la tasa de desempleo está en un máximo histórico de 27,6%. Es el ambiente perfecto para que florezcan las pandillas, el crimen, y una cultura de violencia. Aunque hay mucha belleza presente, las condiciones extremas dificultan ver las cosas buenas y comprender las buenas nuevas de Jesús. ¿Cómo se puede entender el complejo trabajo de la cruz en un barrio abrumado por el analfabetismo y la falta de educación? ¿Cómo puedo traducir la lógica de la cruz de nuestra jerga teológica a la jerga rápidamente cambiante del barrio? ¿Y cómo puede el sufrimiento y la muerte de Jesús abordar la cultura de la violencia que se aprovecha de los pobres en los contextos urbanos?

Hace unos años abrí un gimnasio que combina las artes marciales y la formación bíblica como herramientas para transformar las vidas de los adolescentes en nuestra comunidad. Un día, mientras abría la puerta de nuestro gimnasio, vi pasar a "Bear". Él tiene la estatura promedio de un muchacho de 19 años, pero su corpulencia supera al promedio. Su piel oscura unida a su gran tamaño lo hace parecer, al menos para los que lo conocen, un oso de peluche. Aquellos que no lo conocen posiblemente se sentirían intimidados por su aspecto urbano-juvenil, y podrían confundirlo con un miembro de pandilla, pero Bear es un cristiano que ama a Jesús.

"Hola, Bear", le dije mientras le daba la mano. "¿Qué pasa con la nueva onda?" pregunté, refiriéndome al pañuelo envuelto alrededor de su mano. Su sonrisa le dio paso inmediato a su mirada seria, fija en el suelo mientras respondía en voz baja, "Anoche, aquí en la calle, allá abajo, fui atracado por pandilleros, me palparon y me asaltaron". Le pedí a Bear que entrara, se sentara y me contara más. Explicó toda la situación. Es una experiencia común entre los jóvenes de su edad en los centros urbanos, que a menudo caminan por el barrio y se enfrentan a la cultura de la intimidación.

¿Cómo te sientes ahora, Bear?» le pregunté. Comenzó a describir, con su jerga urbana, sentimientos que reflejaban su experiencia de humillación y vergüenza. Con un leve llanto exclamó: "¡Me siento como una porquería!" Le pedí que me contara más y me dijo: "Tengo ganas de gastar mi próximo sueldo en un arma, encontrar a esos punks y... no dispararles, pero ya sabes, agarrarlos de los pelos y hacerlos que se orinen y se caguen en sus pantalones".

Este era un momento para el discipulado. Tenía que responder con el evangelio, pero ¿Cómo? ¿Qué hago con la doctrina de la expiación en un contexto de violencia, humillación y blasfemia? ¿Solo basta con decirle a Bear "Confía en Jesús", y tarea cumplida? Mi corazón se turbó mientras lo escuchaba.

"Estoy cansado de estar aquí... Siento que todo el mundo solo busca hacerme sentir como una porquería... La madre de mi hijito me llama *un bueno-para-nada* y se va; la policía me detiene, me registran, me insultan; y ahora mis propios vecinos hacen lo mismo, pero con una *caraeculo* como si nada. ¡Solo quiero decir '¡jódanse todos!'" Me di cuenta aquí que la tendencia en nuestro contexto a avergonzar a los demás es una manifestación tangible del pecado individual y estructural que se dan la mano.

El pecado es fundamentalmente un quebrantamiento relacional que se manifiesta en diversas formas según el contexto. En algunos, el pecado se hace evidente en el individualismo radical y el materialismo, mientras que en otros se da a conocer en el ateísmo intelectual. En mi comunidad, el pecado se evidencia más claramente en los patrones de vergüenza y violencia que operan como una enfermedad. ¡Es contagioso! Cuando la victimización infecta a las personas en nuestro entorno de alta densidad poblacional, se produce una epidemia.

Evitando la jerga teológica le dije a Bear que había un brote en nuestra comunidad: una enfermedad llamada "porqueriosis"[1]. "Es espiritual", aclaré. Seguí explicando que los infectados no solo se sienten "como una porquería", sino que a su vez intentan limpiarse pasándole el virus a otros, especialmente aquellos que se parecen a los portadores originales. Los policías con los que Bear se había encontrado, por ejemplo, se infectaron de "porqueriosis" a través de experiencias con personas que se parecen a las que ahora están enemistados: las que se parecen a ellos, los matones del barrio. "Estos matones", dije, "se infectan y pasan la enfermedad a vecinos como tú. Y ahora, Bear, tú estás luchando contra la infección. ¿No sientes que la infección

---

1. Iván Paz da sentido de enfermedad a la "porquería" que implica el pecado. Como quien dice "tuberculosis" y sabe claramente que se trata de un padecimiento, Paz recurre creativamente al término "porqueriosis".

te está afectando al punto de que ahora solo quieres encontrar a estos tipos y hacer que ellos también se sientan como porquería?" Bear me miró fijo a los ojos y dijo: "Tienes razón, Iván. Tendré que sacudirme esa cosa e ignorarla".

Sabía que esa no era la respuesta. "¡No, Bear!" le respondí: "Si lo ignoras, la enfermedad te seguirá infectando, entonces si no encuentras a los que te la pegaron encontrarás a otros que te hagan recordarlos, e intentarás que se sientan como porquería. Pero no puedes dejar que siga comiéndote la contaminación. Tienes que luchar contra esta enfermedad, no ignorándola sino peleándola con la medicina de la compasión. Debes reconocer que esos hombres están enfermos y llevan la infección y no saben lo que están haciendo. ¡Están enfermos e indefensos!".

Le compartí que muchos, durante el tiempo de Jesús, estaban infectados con "porqueriosis", incluso hasta el punto de poner a Jesús en la cruz, desnudo. Realmente lo hicieron sentir como una porquería cuando lo escupieron, lo abofetearon, y lo insultaron públicamente. Jesús no ignoró el hecho de que estaban enfermos ni se dejó contaminar por la "porqueriosis" como para responder con castigo, sino que contrarrestó la enfermedad con compasión.

"¿Sabes lo que hizo Jesús?", le pregunté. La respuesta de Bear fue certera, "¡Sí! Él dijo: 'Padre, perdónalos, porque están enfermos y no saben lo que hacen'" (Lc 23:34).

"Así es, Bear", respondí, y luego dije con un tono solemne: "Y como Jesús oró compasivamente, permitió que todos en su enojo y enfermedad lo contagiaran pero no permitió que la infección de la 'porqueriosis' lo dominara. Aunque todos esperaban que respondiera haciendo que los demás se sintieran como porquería, él evitó que la enfermedad se extendiera cuando tomó todo sobre sí mismo y murió con ese mal sobre sí. Jesús mató la 'porqueriosis' en su propio cuerpo, pero Dios no permitió que la enfermedad ganara. En cambio, Dios resucitó a Jesús de entre los muertos y lo devolvió a la vida ¡completamente limpio y sin manchas! ¡El poder de la 'porqueriosis' ha sido destruido y Dios no permitirá que se apodere de tu vida! En Jesús eres hecho limpio y completo, así que lucha contra la infección entendiendo que aquellos que intentan dañarte están infectados y enfermos".

Bear dejó escapar un suspiro de alivio. Después de un momento de oración, se puso en pie sintiéndose animado y dijo: "Qué profundo". Regresó a su casa caminando con firmeza por la misma calle por donde había venido.

◆ ——— • • ◆ • • ——— ◆

Concluyamos con la interpretación que el mismo Iván le da a esta experiencia y sus reflexiones al respecto.

> Bear recibió sanidad de la *vergüenza* y la liberación del *ciclo de violencia* que impregna el pensamiento en nuestra comunidad. La idea de que la humillación, la violencia y la represión pueden extinguir la hostilidad contra los rivales no nos ha hecho ningún bien. Esas nociones, lo que han hecho, es crear confusión en una comunidad que clama por salvación de la vergüenza y la violencia. Aunque este modelo puede no ser universalmente aplicable, tiene el potencial de debilitar las espirales de pecado trayendo así sanidad, curación y limpieza de la "porqueriosis".
>
> Entonces, ¿qué hago con la doctrina de la expiación? En mi contexto, esa doctrina tendrá que responder a las experiencias de vergüenza y humillación, y al mismo tiempo proporcionar una respuesta alternativa contra la tentación de humillar a los demás. Por lo tanto, necesitará: a) desafiar a la cultura para que pueda ver su "contaminación" del pecado de maneras creativas y relevantes; b) exponer la inutilidad de sus propios medios para eliminar la infección tales como participar en la violencia de la humillación o simplemente

ignorarla; y c) señalar cómo Jesús respondió a los mismos patrones y los resolvió superándolos.

Como ministro, en este contexto, es importante comprender las manifestaciones concretas del pecado y cómo puede lucir la salvación para la comunidad. El ministro tendrá que pensar fuera de los marcos teológicos tradicionales para traer una palabra de redención. Dar sentido a la obra salvadora de Jesús exige una reorganización del lenguaje y de la teología para satisfacer la urgente necesidad de la salvación de la gente.

14

NOVEDAD DE VIDA GRACIAS A LA OBEDIENCIA DE UN HOMBRE: ROMANOS 5:12-19
Richard B. Hays

En los primeros dos capítulos de este libro observamos lo que se pierde si presentamos una sola imagen bíblica como la explicación fundamental de cómo la cruz y la resurrección proporcionan la salvación. Si se privilegia un solo relato cual si fuera el único, o bien se distorsiona o bien se dejan de lado otras imágenes. Otro problema consiste en permitir que la voz de un autor del Nuevo Testamento hable tan alto que solo logremos escuchar esa voz, al punto de que pensamos que los demás autores neotestamentarios hablan de la misma manera y dicen las mismas cosas. Para ser específicos, muchas personas ponen el discurso de Pablo sobre la cruz en la boca de otros autores del Nuevo Testamento. En realidad el problema es aún peor. La tendencia a amplificar solo una voz sucede incluso dentro de los textos paulinos. Influenciadas por la teoría de la satisfacción penal de la cruz, muchas personas ven todas las palabras de Pablo sobre la cruz a través del lente legal, incluso a riesgo de sofocar otras voces paulinas.

En este capítulo recurrimos a un especialista en Pablo para escuchar con claridad otra voz en el mismo Pablo. En este sermón, predicado en la capilla de *Duke Divinity School*, que es el seminario en la *Universidad de Duke* en Carolina del Norte, Richard Hays se centra en otras imágenes en Pablo.[1]

---

1. Sermón ofrecido el 17 febrero de 2005; revisado para su publicación en 2018.

Comenzamos con su traducción del texto de Romanos.

◆ —— • ● ◆ ● • —— ◆

Escuchen nuestro texto para hoy, del capítulo cinco de la carta del apóstol Pablo a los Romanos:

Romanos 5:12-19

Por lo tanto, así como el pecado vino al mundo a través de un hombre, y la muerte a través del pecado, así la muerte se extendió por toda la raza humana, con el resultado de que todos pecaron.

(Porque antes de que viniera la Ley, el pecado ciertamente estaba en el mundo, pero como no había Ley, el pecado no se contaba; sin embargo, la muerte reinó. La muerte reinó de Adán a Moisés, incluso sobre aquellos que no pecaron a semejanza de la transgresión de Adán [al violar un mandamiento]).

Adán es el *modelo* de quien vendría luego.

Pero el regalo de gracia *no es* como el paso en falso. Porque si por el paso en falso de un solo hombre murieron los muchos, ¿cuánto más ha desbordado para muchos la gracia de Dios por medio de la gracia de un hombre, Jesucristo?

Y el regalo *no es* como el efecto del pecado de un hombre.

Porque el juicio que emana del pecado de uno conduce a la condenación; pero el regalo de gracia que sigue a muchos pasos en falso conduce a la reivindicación.

Porque, si en virtud del paso en falso de un hombre, el pecado reinó a través de un hombre, ¿*Cuánto* más reinarán en la vida aquellos que reciben la superabundancia de la gracia y el don de la justicia a través del único hombre, Jesucristo?

Entonces, como a través del paso en falso de un hombre la condenación vino a todos nosotros, así también a través del acto justo de un hombre, la rectificación de la vida vino a todos nosotros.

Porque así como por la desobediencia de un hombre los muchos fueron constituidos como pecadores, también por la obediencia de un hombre, los muchos fueron constituidos como justos.[2]

Si el apóstol Pablo me hubiera entregado este pasaje como un breve ensayo de reflexión teológica, le hubiese dicho: "Llévalo al profesor de gramática para clases de refuerzo". Paso seguido yo hubiera llamado a ese maestro y le habría dicho, "Este tipo, Pablo, tiene algunas ideas importantes, pero realmente necesitas ayudarlo con este ensayo. En primer lugar, comienza con un fragmento, una frase, una oración incompleta. Luego se distrae en un par de ideas antes de regresar a su punto principal. Y sigue repitiéndose a sí mismo; parece que está probando diferentes formulaciones en el procesador de texto y luego viene y entrega su borrador así, como si nada, sin editarlo. Las transiciones lógicas son bastante incómodas. Pablo podría usar algunas ilustraciones para ayudarnos a seguir el punto que está tratando de hacer. Espero que puedas orientarlo para que pueda aprobar mi curso de Exégesis Griega de Romanos".

Broma aparte, sospecho que la dificultad que tenemos con este pasaje indica que somos *nosotros*, no Pablo, los que nece-

---

2. Traducción del griego al inglés por Richard Hays, cursivas en el original en inglés.

sitamos hacer un curso correctivo. En realidad debemos tomar conciencia de que necesitamos un curso extra porque hemos perdido la paciencia y la habilidad necesaria para seguirle el paso a argumentos teológicos intrincados. Preferiríamos una teología articulada en tuits y mensajes de texto, o bien en prosa sin mucha más complejidad que la que tiene una lectura para quinto grado. Sin embargo, la verdad más profunda es esta: necesitamos un curso correctivo porque hemos seguido a nuestro padre Adán en el camino resbaladizo de los pasos en falso, y hemos caído. Nos encontramos, entonces, bajo el dominio de los poderes del pecado y la muerte. Y, al vivir bajo estos poderes generadores de ilusiones, hemos perdido de vista la verdadera historia que da sentido a nuestras vidas.

¿Dónde podemos, entonces, corregir nuestro camino? Yo sugeriría un programa de cuatro pasos para dejar que nuestras mentes sean rehechas. Cada paso requiere un nuevo reconocimiento de nuestra situación humana y la forma inesperada en la que Dios nos ha rescatado de nosotros mismos.

Atrapados en la red del Pecado y la Muerte

Primero, tenemos que reconocer nuestra verdadera condición como personas atrapadas en la red del Pecado y la Muerte. No nos gusta pensar en eso. Nos gusta creer que tenemos las cosas bajo control, que en el fondo somos buenos, y que todos los problemas del mundo provienen de otro lugar, —ya sea de inmigrantes indocumentados y terroristas, o de alguna oscura conspiración derechista. Nos gusta creer que con el tiempo y el ingenio suficientes, resolveremos nuestros problemas y "construiremos un mundo mejor". ¿Tememos la violencia? Podemos resolver ese problema: solo tenemos que matar a todas las personas malas. (Vi una calcomanía en el parachoques de un coche el otro día que decía: "Estamos haciendo enemigos más rápido de lo que podemos matarlos"). ¿Problemas sociales y económicos? Solo tenemos que elegir a los candidatos adecuados y nombrar a la Corte Suprema a los jueces correctos. ¿Problemas psicológicos? Solo necesitamos encontrar los medicamentos con la receta apropiada para lograr el equilibrio. Nuestras universidades y corporaciones participan ahora en una feroz competencia para perfeccionar las técnicas de ingeniería genética de modo que podamos rediseñar nuestros propios cuerpos y eliminar los defectos. ¡Oh, un *Mundo Feliz*![3] Incluso la muerte a veces se considera un problema que la ciencia médica aún no ha resuelto, pero solo danos un poco más de tiempo. Algunos de ustedes quizás conozcan el destino espantoso de Ted Williams, el gran bateador de los Medias Rojas de Boston: después de su muerte hace un par de años, su hijo tenía su cuerpo congelado para preservarlo (colgado boca abajo en un tanque de nitrógeno líquido a 325 grados bajo cero) con la esperanza de que la ciencia médica en un futuro encuentre una forma de restaurar la vida (¡Supongo que si los Medias Rojas pueden ganar la Serie Mundial, todo es posible!). Todo esto es testimonio de nuestro patético deseo autoengañador de escondernos de nuestra propia mortalidad y de nuestra propia pecaminosidad.

En los primeros capítulos de la Carta a los Romanos, Pablo dispara una y otra vez implacablemente sobre este tema. Al igual que Adán y Eva, nos hemos apartado de Dios y lo hemos desobedecido, y el final de nuestro intento orgulloso de ser "como Dios, conociendo el bien y el mal" es que caemos en la idolatría, la confusión y la violencia autodestructiva. Está bien. Sigamos imaginando que somos virtuosos, pero pongamos entonces la historia de Adán como un espejo ante nosotros, un espejo en el que podamos comenzar a asomarnos a nuestra desnudez y vergüenza. La historia de Adán es nuestra historia. Una vez que esa historia se pone en marcha, la historia humana

---

3. Alusión a la novela *Un mundo feliz* del escritor británico Aldous Huxley (nota del traductor).

se convierte en una reacción en cadena de engaño que se esconde detrás de hojas de higuera, detrás de la violencia. El segundo capítulo en la historia de Adán es la historia de Caín y Abel. Si desea una imagen clara de cómo se ve ese capítulo, le insto a que vea la película *Hotel Ruanda*. Es un microcosmos de la condición humana más grande.

Las impresionantes Buenas Nuevas

El segundo paso en nuestro curso de corrección consiste en no dejarnos impresionar indebidamente por la severidad de nuestra propia situación. No porque no sea terrible, sino porque el evangelio nos abruma con su buena noticia de que "Cristo murió por los impíos" (Ro 5:6). A pesar de nuestra ceguera y violencia, hemos recibido la reconciliación a través de Jesucristo. Una de las características más llamativas de Romanos 5:12-19 es la firme insistencia de Pablo en la *asimetría* entre el pecado y la gracia. Pónganle atención a lo siguiente: "Pero el regalo de gracia *no es* como el paso en falso. Porque si por el paso en falso de un hombre murieron los muchos, ¡*cuánto más* se ha desbordado para muchos la gracia de Dios mediante la gracia de un solo hombre, Jesucristo!". Ese "cuánto más" (*pollômallon*) es el sello distintivo del evangelio de Pablo. Como dice Paul Achtemeier: "Así triunfa la gracia sobre el mal, al enterrarlo en una avalancha de gracia".

Es por eso que la analogía entre Adán y Cristo es *solo* una analogía. Nuestra solidaridad con Adán en el pecado, la confusión y la muerte es solo una sombra pálida, negativa y bidimensional de nuestra solidaridad tridimensional mucho más viva con Jesucristo. Curiosamente, nuestros poderes de percepción están tan deteriorados que nos resulta más fácil comprender nuestra afinidad con la humanidad antigua, ligada a la muerte en Adán, que captar nuestra participación en la nueva humanidad dadora de vida en la que nos han colocado la muerte y la resurrección de Cristo. Es por eso que Pablo nos recuerda a Adán: ese viejo hombre nos da una pista, un asidero mental desde el cual podemos comenzar a reptar para hacernos una imagen de nuestro destino que puede ser determinado por la acción de una única gran figura que llega a nosotros y le da forma a la realidad en la que vivimos. No obstante, la analogía entre Adán y Cristo nunca debe confundirnos como para pensar que Jesucristo simplemente deshace los efectos de la transgresión de Adán y nos pone de nuevo en el lugar correcto cual si fuera una pizarra en blanco. Antes bien, Jesús nos lleva a una nueva creación en la que nuestra identidad ahora está redefinida de manera positiva por su fidelidad, la de Jesús, más que por nuestra propia deslealtad hacia Dios.

La obediencia de Jesucristo

Esta forma de hablar apunta ya a un tercer reconocimiento crucial (y selecciono cuidadosamente la palabra *crucial*). Según Romanos 5, nuestra salvación pende de la *obediencia* de Jesucristo. Adán rompió el mandamiento y la muerte entró en el mundo. Israel violó el pacto del Sinaí, cayó bajo maldición y se fue al exilio. Sin embargo, la historia de la tentación de Jesús en el desierto revela que algo nuevo ha sucedido en el mundo. Jesús se revela a sí mismo como el nuevo Adán que rechaza la tentación de ser como Dios y tomar el poder. Jesús también es el verdadero Israel que con razón honra la Torá refugiándose en las palabras de Deuteronomio 6: "Adora al Señor tu Dios, y sírvele solo a él". Por supuesto, la tentación del desierto es un ensayo general para el verdadero clímax de la historia de Israel. El clímax es este: la obediencia de Jesús que llega hasta su muerte en una cruz aferrándose todavía a la oración ferviente: "Que se haga tu voluntad". Es por eso que la obediencia de

Jesús, literalmente, da comienzo a una nueva humanidad, a una nueva creación. Por él y en él, la historia puede comenzar de nuevo.

Liberarnos para participar en la vida del mundo por venir

Romanos 5 ofrece un punto final para la reflexión en nuestra búsqueda de un proceso de corrección que permita que el evangelio según Pablo transforme nuestra mente. ¿*De qué manera* la muerte de Jesús produce nuestra reconciliación con Dios? (O, para usar el lenguaje de la tradición sistemática, ¿qué teoría de la expiación encontramos en Romanos 5?).

En la tradición protestante, particularmente en sus formas evangélicas, estamos acostumbrados a interpretar la cruz principalmente en términos de sacrificio de sangre y sustitución penal: Jesús pagó la pena que legalmente era nuestra, Jesús derramó su sangre como víctima para limpiarnos de culpa y pecado, y tal vez para apaciguar la ira de Dios. Con toda claridad, debe decirse que Pablo de vez en cuando echa mano de las imágenes de expiación sustitutiva [p. Ej. Ro 3:24-25, 5:9].[4] Sin embargo, tales referencias son sorprendentemente raras. Pablo casi nunca habla de "perdón de los pecados", porque —y aquí está el punto clave— él parte de un diagnóstico más radical de la situación humana y de una perspectiva más radical de la Nueva Creación. Necesitamos mucho más que el perdón o una absolución judicial. Necesitamos ser *cambiados*. Necesitamos

---

4. Al decir esto no estoy dando a entender que Pablo, en otros textos, plantee lo que hoy podríamos llamar una teoría de sustitución penal en la cruz. Como he escrito en otros lugares, en Romanos 3 Pablo retrata a Dios como alguien que demuestra justicia no mediante un castigo retributivo que le permite perdonar los pecados en "justicia", sino mediante la provisión de salvación a través de Jesucristo. De esa manera Dios es justo/recto en el sentido de que es fiel a las promesas de su pacto. Ver Richard B. Hays, *Echoes of Scripture in the Letters of Paul*, Yale University Press, New Haven, CN, 1989, pp. 52-53; David N. Freedman, ed. *Anchor Bible Dictionary* vol. III, Doubleday, New York, 1992) s.v. "Justification," por Richard B. Hays, pp. 1129-33.

ser liberados de lo que nos esclaviza a la corrupción y liberarnos para participar en la vida del mundo por venir, una vida que ya ha invadido nuestro mundo de quebranto. Sorprendentemente, en Romanos 5:12-19 nada se dice sobre el sacrificio de sangre. La tipología Adán-Cristo ofrece una imagen muy diferente de la forma en que somos salvos: somos salvos porque participamos en la nueva humanidad que inauguró Jesús, el fiel y el obediente.

¿Cómo nos podríamos imaginar ese cuadro? Consideren esta analogía: a veces, un computador puede infectarse tanto con un virus que es necesario borrar la memoria en el disco duro y volver a empezar, volver a instalar el software, incluido el sistema operativo, y reiniciar la máquina. Esa es una analogía lejana a lo que Pablo está diciendo en Romanos 5. Es como si la raza humana en Adán se hubiera infectado tanto con el virus del pecado que funciona mal al punto de que las "operaciones ilegales" paralizan el sistema. Jesús, en virtud de su obediencia radical a Dios, borra el programa infectado e instala un nuevo sistema operativo resistente a los virus, lo que nos permite funcionar correctamente para el propósito para el que fuimos construidos: él es Humanidad 2.0.

Por supuesto, no somos máquinas, y por esa razón me preocupa esta analogía. Quizás es más como esto: somos una familia disfuncional, atrapada en ciclos de incomprensión, infidelidad, conflicto y abuso. Jesús llega en medio de nuestros problemas domésticos, un hermano mayor misterioso y perdido hace mucho tiempo, y transforma a la familia viviendo una nueva forma de entrega que cambia asombrosamente la dinámica destructiva y reenfoca a la familia en el amor de Dios. Su fidelidad no solo modela un patrón de vida diferente sino que realmente crea un nuevo tipo de familia.

Una vez más, la analogía se queda corta. Me parece querer decir, como Pablo, "Pero el regalo de gracia no es como la computadora plagada de virus; pues tanto más se ha desbordado la gracia de Dios por medio de la gracia del único hombre, Jesucristo". O también: "Pero el don de la gracia no es como la familia en disputa; tanto más se ha desbordado la gracia de Dios mediante la gracia del único hombre, Jesucristo". Este desbordamiento de la gracia en realidad nos ha constituido un pueblo nuevo, una nueva creación. Esa es la realidad hacia la cual todas nuestras analogías andan a tientas. Y entonces tenemos paz con Dios a través de nuestro Señor Jesucristo.

Gracias sean dadas a Dios.

♦ ── • ● ♦ ● • ── ♦

Richard Hays es un erudito del Nuevo Testamento que ha invertido años inmerso en los escritos de Pablo. En este sermón nos beneficiamos de esa inmersión. Incluso cuando Hays habla de Pablo, el lenguaje que usa tiene un carácter paulino. En cierto sentido este es un sermón sencillo. Sin embargo, leyendo este pasaje con el resto de la carta en mente y dejando que otros versículos nos hablen en lugar de amortiguarlos con conceptos y tradiciones traídos de otros lugares, Hays predica un poderoso mensaje de nuestra pérdida, de la gracia de Dios y la salvación transformacional. Es una salvación que resulta más rica, más completa, más amplia y más radical que si proclamásemos la salvación en Jesús solo en términos de perdón de los pecados. Eso no significa que no sea apropiado elaborar una presentación de la obra salvadora de Cristo centrada en el perdón, sino que este sermón nos ayuda a percibir lo que se pierde si esa es la única forma en que proclamamos el significado salvífico de la cruz.

Hays no solo expone la enseñanza de Pablo con claridad, sino que también les permite a sus oyentes contextualizar el mensaje de Pablo relacionándolo con eventos contemporáneos y a través de las analogías que ofrece al final del sermón, que nos ayudan a captar la naturaleza radical del trabajo de la Nueva Creación de Jesucristo. Hays nos ayuda a entender lo que Dios ha hecho a través de Cristo. Sin embargo, para muchos de nosotros que vivimos en sociedades con una fuerte influencia del individualismo y con una comprensión atomística de la realidad, nos resulta difícil comprender la magnitud de la obra de Jesús. ¿Cómo es que una persona "no solo *modela* un patrón de vida diferente sino que realmente *crea* un nuevo tipo de familia" —crea una nueva humanidad? Pablo presenta a Jesús y a Adán como individuos que afectan el todo colectivo. Los lectores de Pablo del siglo primero habrían encontrado ese concepto más fácil de comprender que muchos de nosotros. Richard Hays tendió algunos puentes para nuestra comprensión.

MUCHO MÁS QUE UNA CRUZ

15

MIRANDO HACIA LA PASCUA: FILIPENSES 2:1-11
Nancy Elizabeth Bedford

Nancy Bedford predicó este sermón en una iglesia Bautista en Buenos Aires. Al ser una iglesia no litúrgica no tenían la costumbre de prestar atención a la época de cuaresma. Bedford reconoce esa realidad. No presume que celebran la cuaresma, ni trata de imponer una práctica como si fuera una iglesia litúrgica, sino que trata de rescatar para sus oyentes cosas de valor que tal vez han perdido. Con esta prédica, Bedford intenta enfocarse en temas de la cuaresma como preparación para la Pascua. Ella lo hace sin caer en espiritualización o abstracción. Sino que tiene un enfoque trino y explora la relación del texto con sus oyentes en sus vidas diarias.

Se acerca la Pascua. En grandes sectores del cristianismo la preparación para la Pascua pasa por la época de cuaresma. Tal vez no seamos muy amantes de los calendarios litúrgicos, pero es importante que nos preparemos para vivir profundamente Semana Santa, que es la fiesta cristiana más significativa y central. La Navidad, que a veces nos gusta más, no es otra cosa que una preparación y un anticipo de la historia pascual. Hay algo profundamente emocionante en prepararnos para rememorar todos los años lo que Dios hace por nosotros en Jesucristo, en su profunda solidaridad con la condición humana —hasta la muerte— y en la particular victoria y reivindicación de Jesús en la resurrección que es nuestra vida. Pero más allá de las emociones que suscita, la Pascua y lo que conmemora conllevan consecuencias éticas y prácticas para la vida cotidiana.

Hay un texto que pasa revista a las cosas básicas que rememoramos en Pascua y que además tira un cable a tierra al hablar de cómo la vida, muerte y resurrección de Jesús deben afectar nuestras vidas. Me refiero a Filipenses 2:1-11. En ese texto, el versículo uno conecta el capítulo dos con el anterior, donde Pablo da gracias por los creyentes de Filipos y cuenta de su propia experiencia como prisionero: de cómo tiene ganas de ya partir y estar con Cristo cara a cara, pero también de seguir viviendo para servir a los hermanos. Termina el capítulo diciéndoles que les ha sido concedido no solamente creer en Cristo, sino también padecer por él (en referencia a la persecución política y religiosa que estaban viviendo).

Pablo comienza dando por sentadas retóricamente una serie de hechos:

Que hay consolación en Cristo;
Que hay consuelo de amor;
Que hay comunión del Espíritu;
Que hay afecto entrañable;
Que hay misericordia.

Estas cuestiones son irrefutables para quienes seguimos a Jesucristo: En Cristo hay consuelo para nuestras penas, consuelo de amor. En Cristo aprendemos qué es el amor, concretamente: qué es el amor de Dios y cuál debe ser nuestro amor por los demás y por nosotros mismos.

En primer lugar, Pablo afirma que hay consolación en Cristo. No dice que haya que minimizar ni negar las dificultades o las penas. Pero sí dice que hay desahogo en Cristo y que ese consuelo tiene consecuencias éticas para nuestra relación con los demás.

En segundo lugar, afirma que hay comunión del Espíritu. Es el Espíritu Santo de Dios el que logra la *común unión* tan preciosa que podemos vivir en la iglesia. El Espíritu de Dios une a gente que no tiene ni historia, ni gustos, ni opiniones en común. Esto pasa en cualquier congregación que le otorgue un mínimo espacio al accionar del Espíritu.

En tercer lugar, Pablo afirma que hay afecto entrañable y misericordia. Literalmente, el texto habla de entrañas y misericordias: de aquello que caracteriza a Dios en todo el Antiguo Testamento. El lenguaje de la Biblia utiliza la idea de las "tripas", de los intestinos, como centro de lo que se siente. Dios siente "en las tripas" una misericordia que lo conmueve, y actúa con nosotros de acuerdo con esa misericordia suya.

Este primer versículo es, pues, implícitamente trinitario. Podríamos resumirlo así:

Hay consuelo en el Hijo;
Hay comunión en el Espíritu;
Hay misericordia en el Padre.

Ya que esto es así, los filipenses pueden "completar el gozo" de Pablo. Con esto el apóstol da a entender que ya está feliz y gozoso con ellos, pero que debido a las disputas existentes en la iglesia (por ejemplo, entre Evodia y Síntique, en el 4:2), hace falta completar ese gozo, llenar la copa.

Quizá esto nos haga pensar en nuestras comunidades de fe. Uno puede estar gozoso por sus características y a la vez desear que el gozo sea perfeccionado, completado de maneras concretas, como las que sugiere el apóstol: sintiendo lo mismo, teniendo el mismo amor, unánimes, sintiendo una misma cosa. Evidentemente esto no es una referencia al plano intelectual, como si existiera un pensamiento monolítico al cual uno tuviera que ajustarse. Podemos tener una diversidad de opiniones, ser hinchas de distintos equipos deportivos o militar políticamente de diversas maneras. La unanimidad que nos debe caracterizar tiene que ver con estar en Cristo, en el Espíritu, en la esfera de Dios. Y eso tiene consecuencias muy concretas que el apóstol pasa a detallar:

> *No actuar por contienda o por vanagloria;*
> *Sí actuar con humildad, respetando a los demás.*
> *No actuar egoístamente, pensando únicamente en lo propio;*
> *Sí preocuparse por el bien de los demás.*

La primera idea es no manifestar una ambición egoísta característica de aquellos que viven en intrigas por poder o posición, marcados por la ambición con el objetivo del lucro y el poder. La palabra tiene su aplicación en el ámbito de la política, pero también a veces en el de la iglesia. Junto con esa ambición está la vanagloria, la vanidad en lo personal. En contraposición a esa actitud, Pablo sugiere la *humildad*. Es una palabra que casi ha perdido su sentido. No suele ser precisamente un cumplido. Cuando decimos "humilde", pensamos en algo pobre y precario o bien en una falsa humildad. Sin embargo, la humildad a la que apuntamos en Cristo tiene que ver con el modelo de una persona noble que presta un servicio inesperado. No se trata, pues, de hacernos los inútiles ni de negar nuestros talentos, sino de usarlos para el bien de los demás. Un ejemplo claro de esto es cuando Jesús les lava los pies a sus discípulos.

El *egoísmo* está también de moda y se vende veladamente como la única manera de triunfar. La fe cristiana propone otro camino al de las discordias y las ambiciones personales, que es el *sentir que hubo en Cristo Jesús*. Ese camino lleva inesperadamente también a la victoria, pero de un modo distinto al del sistema imperante. Cuando el versículo 3 habla de "estimar a los demás" usa una palabra que implica un juicio consciente y cuidadoso luego de considerar los hechos. Se trata, pues, del discernimiento que permite que valoremos los talentos y los dones de los demás, y los fomentemos, les abramos espacios. El v. 4 remata el pensamiento, exhortando a que cada uno no mire solamente por lo suyo propio, sino también por los demás.

La propuesta de Dios en Cristo es que vengamos a servir y no a ser servidos, a la manera del Hijo del Ser Humano. En esa dinámica, cuando toda la comunidad procura caminar a la manera de Jesús, todos sirven y todos reciben el amor, la compañía y la solidaridad de los hermanos. Y esto no nace de una obligación, sino de un corazón agradecido a Dios. Este proyecto tan loco, tan supuestamente idealista o imposible surge de un Dios lleno de fantasía e imaginación para con su pueblo. Cuando se legisla y se confeccionan las leyes, hay que pensar en todas las formas en que alguien pueda quebrar ese lineamiento y cómo castigar al que lo quiebre. En cambio, Dios en su proyecto para la iglesia es distinto a los juristas. Es realista para con nuestro pecado: lo ve y de hecho hace algo para que lo superemos y nos rehabilitemos. No lo niega. Pero no propone una manera de relacionarnos sobre la base del mínimo común denominador, sino sobre la base de las relaciones entre las tres personas de la Trinidad. Ese es el mismo sentir que hubo en Cristo Jesús, ese es el verdadero poder y esa es la verdadera gloria.

Para dar fuerza a su argumento, Pablo introduce un himno en dos estrofas que es una de las composiciones litúrgicas cristianas más antiguas. Seguramente se cantaba en las iglesias. Las dos estrofas hablan del autovaciamiento de Jesús (vv. 6-8) y luego de su exaltación (vv. 9-11). Como sabemos, en la historia de Jesús, el aparentemente más débil, el que no se manejó en función de la fuerza bruta, el que no nos violenta, sino que nos busca con suavidad e insistencia, murió crucificado. En el texto hay un descenso escalonado, en cuatro pasos: autodespojamiento (dejar de lado la gloria celestial), encarnación (tomar forma de siervo, hacerse ser humano), muerte (fidelidad hasta el fin al proyecto de Dios) y cruz (no solamente muerte, sino la peor muerte, la de un criminal maldito desde el punto de vista del derecho romano y de la ley religiosa judía).

Ahora, por cierto, esto es muy delicado. Este pasaje puede ser utilizado por gente inescrupulosa o aprovechadora para oprimir a las personas. Aun los pasajes más maravillosos de la Biblia, como es este, pueden ser interpretados de un modo dañino. Por eso Pablo en otra parte dice que la letra mata, pero el Espíritu vivifica (2 Cor 3:6); la Biblia, sin el Espíritu de Cristo —dice Pablo— mata. Y agrega: Donde está el Espíritu del Señor, allí hay... ¿qué? *libertad*. Libertad para poner en práctica la imaginación creadora de Dios, que hace algo donde no había nada y trae nueva vida donde había muerte. El Espíritu de Cristo siempre lleva a que seamos más parecidos y parecidas a Cristo; y la interpretación pneumática de la Escritura ha de ser cristocéntrica: la función del Espíritu es simplemente trabajar en nuestras vidas para que nos parezcamos más a Jesús de Nazaret y por lo tanto para que seamos verdaderamente humanos y humanas, a la vez que disfrutemos de compartir la vida misma de Dios. Si tenemos dudas acerca de cómo vivir y cómo resolver las cosas dentro y fuera de la iglesia, miremos a Jesús. No seamos personas enfermas de religión, que oprimimos a los demás con nuestras reglas y falsas certezas, sino gente rehabilitada por el gran Médico y Terapeuta que es el Señor.

Ha ocurrido muchas veces que se le diga a una mujer golpeada o un trabajador abusado que baje la cabeza y "sea como Jesús" que se humilló o vació a sí mismo. Pero eso es tomar el pasaje fuera de contexto. Jesús no parte de una situación de debilidad; el Hijo se hace pequeño porque la gloria de Dios no es ejercer poder desde la superioridad sino de potenciarnos desde lo pequeño, de maneras inesperadas. Quienes tengan poder, vean que Dios mismo en Jesús no usó la fuerza bruta para lograr lo que quería. En realidad, todos ejercemos algo de poder en alguna esfera de nuestras vidas. No usemos esa pequeña parcela de poder a la manera del diablo para aferrarnos miserablemente al dinero, al prestigio o a lo que fuere, sino ejerzamos nuestro poder a la manera del Hijo de Dios: vaciándonos de ambición y fuerza bruta y aprendiendo a caminar por el sendero estrecho. Y cuando estemos abajo, en lo pequeño, sepamos que Dios es solidario con nuestro sufrimiento; y por la cruz y la resurrección nos abre caminos para salir del fango sin que nos mimeticemos con nuestros enemigos ni con los que nos oprimen. La dinámica de humillación y exaltación de este pasaje es compleja y paradójica y realmente resume todo lo que es el evangelio: en Cristo, Dios muestra cómo es y nos muestra cómo ser el uno con el otro.

En los versículos 6 al 8 aparece un resumen de todo lo que dicen los evangelios: es una síntesis apretada de la inserción de Dios por medio de Jesús en nuestra historia humana y en nuestra dimensión de la realidad. ¿A qué fue obediente Cristo? ¿A la voluntad de un Padre sádico que lo mandaba a sufrir? De ninguna manera. Cristo fue fiel hasta el fin a la manera de ser de Dios, cuya gloria no es la de humillar y someter por la fuerza a nadie, sino adentrarse en la condición humana hasta la muerte en la cruz, en el infierno mismo de lo peor de nuestra condición, para, por la resurrección, tomarnos de la mano desde donde estamos y sacarnos de la ciénaga. Y es por eso que Dios exalta hasta lo sumo al Hijo, lo celebra, lo vindica, le da el nombre sobre todo nombre, como dicen los versículos 9 al 11.

La extraordinaria promesa es que habrá un reconocimiento cósmico y escatológico de esta manera de ser de Dios. El señorío de Cristo no es otra cosa que esta forma de ser, fiel y sencilla. A la larga, todos podrán reconocerlo en todas las dimensiones de la creación. Lo que glorifica a Dios Padre es que

Jesucristo sea el "Señor" de esta manera y no de otra, y que nosotros sigamos a Jesús de esta manera y no de otra. ¡Cuánto discernimiento precisamos en este camino! Y por eso también tenemos a nuestros hermanos y a nuestras hermanas: para ir descubriendo juntos y juntas con la ayuda del Espíritu cómo proseguir por el camino de Jesús aquí y ahora. Como creyentes y como miembros de iglesia tenemos mucho por andar, mucho por hacer y aprender. Vayamos preparándonos para celebrar la Pascua. Celebremos que por la cruz y la resurrección tenemos la posibilidad de vivir como Jesús. Busquemos maneras concretas de andar como anduvo Jesús, como individuos y como miembros de la iglesia. Y todo será para gloria de Dios Padre, en el Espíritu, por el Hijo.

◆ —— • ● ◆ ● • —— ◆

Como Bedford dice en su sermón: "Ha ocurrido muchas veces que se le diga a una mujer golpeada o un trabajador abusado que baje la cabeza y 'sea como Jesús' que se humilló o vació a sí mismo". Es cierto que unas personas han torcido el mensaje de la cruz y lo han usado para mantener a otros en su lugar de opresión, sufrimiento o esclavitud. En respuesta a eso unos han dejado de predicar sobre la cruz porque no quieren participar en ese abuso. Aunque sí es necesario corregir ese error, poner a un lado la cruz no es la solución correcta. Por esa acción perdimos todo lo positivo de la cruz, incluyendo no solo mensajes de liberación —como otros en el libro— sino también la posibilidad de desafiar, por la cruz, a los que tiene el poder de servir a otros.

El camino de Bedford es mucho mejor. Ella reconoce el problema, dice explícitamente que no es una aplicación correcta de su sermón sobre la cruz decirle a una persona golpeada "sea como Jesús". Ella explica claramente que se trata de situaciones en que sus oyentes tienen poder, no en situaciones en que están oprimidos. Sigamos el ejemplo de Bedford.

16

LA CRUZ Y LAS VÍCTIMAS: HABLAR DE LA SALVACIÓN DESDE JESÚS COMO MISERICORDIA DE DIOS
Gustavo Delgadillo

Como hemos visto en el primer capítulo, una de las razones por la que hay diversidad de imágenes de la obra de la cruz en el Nuevo Testamento es porque también hay diversidad de necesidades. En este capítulo, Gustavo Delgadillo muestra una sensibilidad a las personas y sus situaciones específicas cuando conversa con ellas sobre la cruz. Aunque no andamos, como Delgadillo, en aldeas de la selva peruana que sufrieron mucha violencia, sí podemos aprender de su experiencia, sobre el contenido de lo que él comparte, y aún más de la manera pastoral como contextualiza las buenas nuevas de la cruz.

Una imagen de Jesús en la cruz como opresión

Flora me cuenta que su hijo, quien era soldado, murió en 1993 a manos de un grupo terrorista. "Han pasado más de 20 años y aún extraño a mi hijo, —me dice— siempre lo recuerdo saludando al llegar a casa y con una sonrisa. Sosteniendo en sus manos una bolsa con compras: un poquito de carne, otro poquito de arroz y azúcar, y también una botella con aceite. Así era mi hijo, alegre y muy generoso. Soñaba con abrir un taller mecánico, fue comprando sus herramientas de a poco; sin embargo, todo quedó en un recuerdo".

Flora cuenta que el día del entierro de su único hijo, un militar se le acercó y le dijo: "Usted debe de sentirse orgullosa porque su hijo ha sido un soldado que ha dado su vida por su patria, pues muchos han de morir como sacrificio en esta guerra contra el terrorismo". Me miro detenidamente y dijo: "Al oír esas palabras me dio mucha rabia, ¿acaso él sabe mi sufrimiento?, ¿por qué voy a estar de acuerdo con que mi hijo haya muerto por el bien del resto?, ¿eso va a devolverme a mi hijo?".

Recordando, Flora dijo que el siguiente domingo ella fue a su iglesia, donde el pastor predicó sobre la muerte de Jesús: "Él tuvo que morir en la cruz para lograr nuestra salvación, su sangre nos salva, nos limpia de nuestros pecados. Por eso en esta noche quiero decirle a nuestra hermana Flora: *que así también la muerte de su hijo fue un sacrificio por el bien de muchos*". Entonces, Flora hace una pausa —se le ve triste— y me dice: "Esta prédica me hundió en una pena terrible, me preguntaba una y otra vez: ¿Qué clase de Dios es ese que necesita sacrificios para ofrecernos su perdón?" Desde aquel entonces ella dejo de asistir a la iglesia por cinco años.

Cuando conocí a Flora había vuelto a reunirse en una iglesia. Todavía sus palabras y su semblante transmitían cierta tristeza. Esa misma reacción la he visto y escuchado varias veces. Cristianas y cristianos que se preguntan: "¿Por qué Dios necesitó un sacrifico de sangre para salvarnos?, ¿acaso tenemos un Dios sanguinario?". En mi caminar me topaba con seres humanos necesitados de una respuesta más clara, más entendible, más contextual, más profunda que aquella imagen de la muerte de Jesús en la cruz como necesaria para que Dios pueda perdonarnos.

Esta imagen, de un Dios que otorga perdón por el sacrificio de alguien (Jesús), muchas veces se ha prestado y se presta para justificar el dolor de personas que pierden y han perdido mucho en la vida, desde la vida de sus familiares, sus posesiones y hasta su propia dignidad. En ese sentido ha dejado de ser una imagen de esperanza, consolación y afirmación, para pasar a ser a una imagen de miedo, dolor, culpa, e insatisfacción. Es momento, entonces, de recuperar y de dar nuevos sentidos a esta y otras imágenes como respuestas a las preguntas y necesidades de las nuevas generaciones que deciden seguir a Jesús de Nazaret.

Diferentes imágenes de Jesús en la cruz para diferentes situaciones

Cuando me topé con Flora y me contó su experiencia pude percibir su pena y congoja a pesar de los años pasados desde lo acontecido. Me solidaricé con su dolor y su no comprensión de un Dios que perdona y da salvación solo a través de la sangre derramada, imagen que predomina o es hegemónica en las prédicas y enseñanzas de las iglesias de hoy. Única imagen que justifica la idea del bien mayor, es decir la muerte de uno a cambio de muchos. Sin embargo, Flora no acepta esa lógica, pues ella revela otra mirada: la del bien menor o la posición de la víctima.

Fue entonces que me senté a conversar con Flora y otras hermanas presentes, y les dije: "Saben, al igual que Flora me he cuestionado sobre la muerte de Jesús. Cuando niño se me enseñó que él murió en mi lugar cargando mis pecados, y yo lo acepté. Aunque cuando leía las partes que describen su muerte me imaginaba lo que le sucedió y producía en mí una sensación de tristeza y terror. Tristeza por lo que le pasó, y terror porque *el padre de Jesús* debe de ser muy estricto para dejar y necesitar que su hijo muera de esa forma. ¡Qué terror, un Dios así de violento!".

Sin embargo, con el pasar de los años y mi inquietud por ahondar más en la muerte de Jesús, me percaté de que en la Biblia él aparece también como víctima de la violencia y la injusticia de grupos poderosos de su tiempo por ser considerado un peligro al desafiar el accionar de los que tenían poder. Y es que Dios no se beneficia ni negocia con la sangre de Jesús. Más bien, la sangre de Jesús dice mucho más del dolor de la víctima, su soledad y la consecuencia de la injusticia. Es una de las imágenes bíblicas donde se puede identificar a Jesús con el dolor, con la soledad y con lo injusto.

"¿Pero a que se refiere —me pregunta Gladis, amiga de Flora, que es maestra de niños en su iglesia— cuando nos dice que 'el Jesús que se identifica con las víctimas es una imagen bíblica', acaso hay varias imágenes?". "Bueno" —le respondí—, "el Nuevo Testamento es una construcción literaria. Cada Evangelio o Carta que leemos hoy fue escrita inicialmente para ser leída en diversas comunidades, cada una de ellas con diferentes problemas. En su mayoría, estas *cartas* buscaban informar, recordar, animar, dar esperanzas a comunidades dispersas en diferentes lugares del Imperio romano. Entonces, según cada circunstancia que atravesaban aquellas comunidades, los escritores utilizaban diversas imágenes sobre la muerte de Jesús.

Algunas de las imágenes relacionadas con la muerte de Jesús en la cruz que encontramos en el Nuevo Testamento son: del sufrimiento vicario; del martirio; del sacrificio; de la expiación; de la reconciliación; de la justificación, de la adopción; y otras más. Podemos decir que cada imagen comunica un aspecto de aquel suceso, ya que una sola imagen no puede mostrarnos todo el significado de la muerte de Jesús en la cruz.

En el Perú, una de las imágenes que más se enfatiza y utilizan para hablar de la salvación es la imagen de la 'expiación' que, popularmente, es entendida como 'quitar o borrar los pecados'. Esta imagen es bíblica y comunica un aspecto del suceso en la cruz. El problema es que, generalmente, es la única que aparece en las prédicas y enseñanzas de la iglesia. Está tan manoseada que ha ido perdiendo el sentido esperanzador de su significado. Más bien se ha vuelto en una imagen que oprime, donde se presenta a un Dios violento y sanguinario que es saciado con la muerte de un hombre justo: Jesús.

Pero, ¿cómo hablar de la muerte de Jesús en la cruz a un pueblo como el de ustedes, a personas que han enfrentado durante décadas el flagelo del terrorismo (habiendo visto morir y desaparecer a familiares y vecinos), a un pueblo todavía olvidado por el Estado? ¿Qué les comunica a varones, mujeres, adolescentes, jóvenes, niños y ancianos, la imagen de un Dios que necesita que alguien muera a cambio de ellos? ¿Acaso no han visto tanta muerte? ¿Acaso un Dios así de violento no contribuye a que la violencia siga presente de diversas formas en su contexto?". Entonces Mirtha interrumpe y nos dice: "Yo no busco un Dios así, yo busco un Dios que nos consuele".

Una imagen de Jesús en la cruz como expresión de misericordia con las víctimas

"Así es, Mirtha" —continué. "Si los escritores de la Biblia utilizaron múltiples imágenes para hablar del suceso en la cruz buscando responder a las diferentes situaciones de las iglesias, ¿por qué nos detenemos en una sola imagen? ¿Por qué no utilizar otras imágenes según los diferentes contextos de hoy? Por ejemplo, si recordamos que Jesús de Nazaret fue una víctima de los poderes de su tiempo, y que en su muerte Dios se solidariza con las mujeres y varones de todos los tiempos, ¿acaso esto no comunica esperanza a tus paisanos/as?

En la cruz, Jesús muere como una víctima de aquellos que lo veían como competencia, como un subversivo, como alguien que estaba desestabilizando el orden establecido por los poderosos de su tiempo. Morir en la cruz era una situación deplorable, reservada para aquellos que quebraban las leyes establecidas, por lo tanto la cruz traía deshonor y vergüenza para quien la padecía. Sin embargo, en la cruz, Dios mismo, encarnado en Jesús, estaba identificándose con los sin honor y con aquellos marcados por no cumplir con las leyes establecidas. Dios tenía y tiene un corazón para los míseros (eso significa Dios de misericordia). En la cruz, Dios tuvo misericordia para con las víctimas de todos los tiempos, incluso las víctimas de hoy.

Este Dios de misericordia era el Dios que Jesús había escuchado desde pequeño en sus escritos hebreos: aquel que se compadecía ante el sufrimiento de las víctimas en la historia del éxodo de Egipto (Ex 3:7-12); aquel que protege y conduce con amor (Dt 14:1); aquel que engendra y amamanta a sus hijos (Nm 11:12). Aún más, en concordancia con esto, recordemos cómo Lucas narra el suceso de Jesús en la sinagoga de Nazaret (Lc 4:16-32) cuando lee un pasaje de Isaías, donde retrata a un Dios misericordioso y omite deliberadamente el día de venganza. Este hecho nos informa que los primeros seguidores de Jesús lo recordaban comunicando el rostro misericordioso de Dios y no a un Dios airado.

Recordemos que esa imagen del Dios misericordioso fue expresada por Jesús de Nazaret cuando pidió amar a los enemigos (Lc 6:35), a aquellos que pensaban diferente, actuaban diferente y aún habían hecho algo malo contra ellos. Así, el Dios de misericordia se identifica con el que sufre alguna injusticia, es decir con la víctima, y da una oportunidad aún al victimario. La misericordia de Dios alcanza a todos y es expresada en las palabras y hechos de Jesús de manera fuerte y constante, de manera incondicional.

Esto lo vemos en la manera como Jesús se comunicaba con sus paisanas y paisanos, donde sus parábolas hablan de un Dios misericordioso (compasivo) 'que hace llover sobre justos e injustos' (Mt 5:45). Sus parábolas invitan a ver a un Dios cercano, que acoge y al que se puede vivir en el día a día. Aquel Dios compasivo es el que espera diariamente al hijo menor insensato (hijo pródigo) y que ama al hijo mayor 'legalista' (Lc 15:11-32). Es el Dios generoso que no retribuye más a quien haya hecho obras mayores, sino que es misericordioso con todos por igual (Mt 20:1-15). Misericordia visible en las enseñanzas y actos de Jesús y que él pide que sigamos: 'Sed misericordiosos, así como vuestro Padre es misericordioso' (Lc 6:36).

Esa misericordia (compasión) se ve reflejada también en la muerte de Jesús en la cruz. Nadie puede romper el amor solidario de Dios. En la cruz vemos que las víctimas y los rechazados tienen un aliado, un cómplice. Significa que el victimario no prevalecerá sobre la víctima, pero que tampoco la víctima se convertirá en verdugo de su victimario. Esa no es la reacción de Jesús, no es lo que nos cuentan los que relatan su crucifixión. Así, la muerte en la cruz de Jesús es salvadora en la medida en que es consecuencia y culminación de una vida entregada a la compasión.

Lo que nos salva es su solidaridad, su proximidad, hasta la muerte en esa cruz. Es allí donde se ve su misericordia, su compasión. Es su cercanía y su solidaridad lo que salva, libera y rehabilita a la víctima, al olvidado, al miserable. Por ello, Jesús como víctima, al morir en la cruz se está identificando con las víctimas de todos los tiempos. Y Dios mismo experimenta en Jesús lo que es ser una víctima. La compasión de Dios se extiende desde la cruz para con las víctimas y los que sufren con ellas (sus familiares y amigos). La cruz nos indica que el camino a recorrer es el de experimentar la misericordia como Dios mismo la experimentó: compasión para las tantas víctimas que existen, y aún hasta para con los victimarios".

Entonces Flora nos dijo: "Eso quiere decir que mi hijo fue una víctima, una víctima de los poderes de nuestro tiempo. Y que Dios estuvo allí con mi hijo cuando lo mataron como lo está conmigo ahora, acompañándonos y buscando consolarnos". "Así es, Flora", le dije. "La muerte de tu hijo nos revela que hay víctimas en el sistema violento de este mundo, pero también nos revela que Dios está allí en ese camino de dolor, identificándose con nosotros, buscando consolarnos, y sanar nuestras heridas y dolores".

¡La cruz revela el lugar donde Dios mismo se identifica plenamente con las víctimas de todos los tiempos; la cruz no es ni fue un fin en sí misma, sino consecuencia de toda una vida de misericordia por parte de Jesús, que retrataba a Dios; la cruz, así, es el símbolo que marcó el inicio de un camino de misericordia, para con las víctimas y con los victimarios, a proseguir por todos aquellos que seguimos al Nazareno!

♦ —— • • ♦ • • —— ♦

Gustavo Delgadillo nos ha mostrado con claridad como al hablar de otra faceta de la cruz cambia radicalmente la experiencia de una persona víctima de la violencia acerca de esa cruz. Es notorio que él incluye también al victimario en su reflexión y proclamación de la cruz. Hay otros tipos de víctimas y en el próximo capítulo veremos cómo la cruz también fue *buenas nuevas* para otra víctima.

17

JESÚS SALVA DE LA RELIGIÓN
David A. Gaitán

Parece que los humanos tenemos la tendencia natural de intentar llegar a Dios o lograr un estado espiritual elevado mediante nuestro propio esfuerzo. Las religiones del mundo proveen los medios para hacerlo. A través de nuestras acciones, queremos ganar su favor o aplacar su ira. El evangelio, la fe cristiana, proclama lo opuesto. En la Biblia vemos que el creador de la vida toma la iniciativa hacia nosotros. Entramos en relación con Dios por gracia, por su acción, no por las nuestras. Las religiones trazan líneas divisorias que separaran a los "fieles" de los "impíos". Jesús borraba esas líneas. Aunque podemos decir que el cristianismo es antirreligioso, la realidad es que la tendencia a la religiosidad está muy presente también entre los cristianos. Son comunes las distorsiones religiosas de la fe cristiana, han estado presentes desde el principio de la iglesia. Pensamos por ejemplo en los problemas que motivaron a Pablo a escribir su carta a los Gálatas. Vemos las mismas características religiosas en las iglesias en Galacia.[1] Hay mucho mas que podríamos decir sobre este tema, le invito a leer mi libro *Basta de religión*.[2] Lo básico que he descrito arriba nos ayudará a comprender la historia escrita por David Gaitán.

La historia esta dirigida a personas que sufren o han sufrido bajo distorsiones religiosas de la fe cristiana. Como relata

---

1. Marcos Baker, *Gálatas*, Comentario Bíblico Iberoamericano, Ediciones Kairos, Buenos Aires, 2014.
2. Marcos Baker, *¡Basta de Religión! Cómo Construir Comunidades de Gracia Y Libertad*, Ediciones Kairós, Buenos Aires, 2005.

David: "La vida cristiana se desenvuelve dentro del espectro de la recompensa de obedecer en todo a Dios, por un lado, y la maldición y miedo al castigo por hacer lo opuesto, por el otro. Así todo tendrá recompensa o castigo, lo cual nubla el amor hacia el servicio".

Además de proclamar un mensaje que invita a la cruz a personas cargadas por la religión, este autor colombiano contextualiza su enseñanza del evangelio dentro de escenarios de abuso espiritual por un liderazgo tóxico. En Colombia, como en otros lugares, hay muchos pastores que se presentan como la voz encarnada de Dios, exigiendo obediencia en cosas grandes y pequeñas de las vidas de las personas como condición de pertenencia a sus iglesias. Gaitán observa: "Así mismo, el discurso de 'no toquéis al ungido' es tan fuerte que naturaliza violencias por parte de las autoridades hacia sus subordinados. Últimos, están quienes se encuentran bajo abuso espiritual a tal grado que no lo notan, pues están enajenados y para ellos esta condición es normal, al punto de asumirla como una expresión de obediencia a Dios a través de sus enviados. Sobre este asunto hay que recalcar que en aquel estado de enajenación las víctimas de este abuso espiritual creen dentro de su burbuja que todo está bien, que esta es la manera correcta de servir y agradar a Dios, que lo normal es ser codependientes y sumisos a las autoridades eclesiásticas".

◆———・●◆●・———◆

Desde hace dos semanas no volvió a salir el sol. Y aunque suene a canción cliché de balada, para Andrés no había más realidad que el cielo gris derritiéndose en forma de lluvia, golpeando una y otra vez su ventana, pero también invadiendo su otrora hogar por la parte inferior de la puerta que da a la calle.

El agua encharcaba la entrada y estaba levantando la madera del suelo, él la miraba sin mayor interés, pero como por inercia se percataba que la lluvia invadía todo, quizá tal como la tristeza se había apoderado de su alma hace unos días atrás.

Ya nada tenía sentido, excepto la falta de apetito que de alguna extraña manera le aliviaba la carga de los días; y la ausencia de sueño que lo atormentaba a tal punto, que anhelara alguna suerte de medicamento que de una vez por todas le ayudara a dormir en la noche, en vez de sentir esas punzadas en el corazón que con el pasar de los días se hacían cada vez más familiares.

Era tal el nivel de oscuridad en su alma, que la sequedad propia envidiaba la abundancia de lluvia afuera en la calle. Una paradoja, pues de alguna manera el invierno le hacía sentir que el cielo lloraba por él, dejando caer lágrimas hasta más no poder. Esas mismas que ya no tenía, ¡hasta eso le habían robado!

¿Pero qué había hecho este introvertido joven para merecer su estado? Pensaba que los mil y un demonios de todas y cada una de las religiones habían ido al cielo a rogar por su alma y habían obtenido una respuesta afirmativa de un dios lejano, irracional, malvado e incomprensible, si es que existiera en algún lugar.

Por años Andrés se había preparado para el día malo, pero lo que no se esperaba era que este lo vencería, dejándolo como sin fuerzas, en el suelo, moribundo. La teoría teológica no le había dicho la verdad completa y, en medio de su miseria, cualquier entrenamiento eclesiástico palidecía ante el verdadero enemigo, el dolor empoderado por la decepción y el engaño. Hoy estaba tan golpeado, que las fuerzas no le alcanzaban para ponerse en pie o para seguir en el suelo. Nadie está listo para afrontar la crudeza de la vida, menos cuando esta se ha construido sobre expectativas religiosas, que aunque serían deseables, podrían resultar no posibles.

Hoy recuerda los días en los que, siendo niño, corría por los pasillos de la iglesia riendo a carcajadas. Él solía cantar a voz en cuello las novedades musicales con las que el equipo de música sorprendía a la feligresía el fin de semana. Aquellos tiempos de *adoración* lo conectaban con el cielo, le arrebataban lágrimas de amor y una emoción profunda lo invadía cuando allí sentía, de una manera vívida, casi real, el abrazo de Dios.

Desde muy pequeño experimentó la ternura característica de los tiempos de ministración desde el altar. Tanto él como su familia han estado convencidos de su llamado desde siempre. Nada apagaba su sonrisa, ni la admiración que despertaba en muchos de los miembros de su comunidad. Era el ejemplo de fe y servicio que los adultos referían a sus hijos, era la alegría de los pastores y el orgullo (sano, por supuesto) de sus padres.

Pronto llegaron los años jóvenes y Andrés cada vez más se convencía de que su fe era su más grande tesoro. Él estaba *construyendo su casa sobre la roca*, cimentando su vida en la fortaleza que le daba el estar en la verdad. La sana doctrina le brindaba una comodidad que no tenía comparación. Se sentía seguro, confiado, esperanzado. Sabía que la metáfora de *la niña de sus ojos* era, como mínimo, la que ilustraba su relación con Dios de la manera más exacta existente.

En medio de tal idilio, comenzó a experimentar los deseos característicos de su temprana edad juvenil. Ya no miraba a las jovencitas del grupo de la misma manera, sentía atracción por algunas de ellas y hasta algunos pensamientos atacaban su mente. Pero él tenía la estrategia perfecta para *llevarlos cautivos a la sujeción en Cristo*. Tenía la actitud que José ante la esposa de Potifar: huía.

No había situación pecaminosa que pudiera doblegarlo, menos cuando las armas de batalla eran un buen ayuno o un tiempo devocional, con guitarra en mano y entonando las canciones de adoración profética que el cantante extranjero había enseñado en la última cumbre de *guerreros* en su iglesia.

El respaldo del Señor como respuesta comenzó a ser evidente. Él hablaba y la gente lloraba, se comenzaron a evidenciar sanidades sobrenaturales cuando oraba, los grupos pequeños que abría crecían, su ministerio se multiplicaba, su imagen se fortaleció en las mentes de grandes y chicos como ejemplo a seguir.

Estaba convencido de que *los diseños* que el profeta había traído en revelación en el más reciente encuentro de adoradores lo estaban acercando cada vez más a aquella santidad, *sin la cual nadie vería al Señor*. En ese momento, y en medio de *una atmósfera del espíritu*, aquel ungido manifestó que, como en tiempos del tabernáculo, ninguno que ministrara en el altar de Dios podía contaminarse con el mundo ni las cosas que hay en él, porque incluso interpretar o escuchar una canción de música secular, era motivo para que la unción huyera de tal adorador.

Esa es la razón por la cual cuando Andrés interpretaba el violín, *un manto de la presencia* caía sobre todo el lugar. Él, obedeciendo lo que había recibido del profeta como *palabra divina*, se había desecho de sus discos *mundanos* y había decidido *no contaminarse de la comida del Rey* evitando leer autores *ateos inmorales*. Se mantenía alejado de sus compañeros de estudio, quienes se habían convertido en *agentes del enemigo* para *hacerlo caer*, no iba al cine, pues lo último que quería era *sentarse en silla de escarnecedores* y se aseguraba que quien le cortaba el cabello era una persona *nacida de nuevo*, pues no iba a exponerse a que *algún demonio le fuera transferido por imposición de manos sobre su cabeza*.

El 31 de diciembre había encontrado la estrategia para mantener intacta la santidad alcanzada. Mientras su familia bailaba al compás del son caribeño para celebrar el inicio de un año nuevo, él, a las doce de la noche en punto se encerraba en el baño a orar en lenguas y agradecer a Dios, allí en la soledad de su propio lugar santo, que no era como ellos. Que había entendido a cabalidad que *quien ama a padre y madre más que a él, no es digno de* él. *Lloraba en la presencia*, allí en su rinconcito apartado del mundo, en el mejor lugar que podía haber en la tierra, en los brazos del Señor.

Regularmente, a su mente llegaban las imágenes de algunos de sus recuerdos de infancia en los que se veía a sí mismo victorioso, *padeciendo* desde pequeño *por el evangelio*, pero sabiendo que su recompensa vendría pronto. Sentía especial simpatía por una anécdota cuando en un 31 de Octubre, en el que se celebraba la *satánica fiesta del Halloween*, él era el único niño en su escuela que no se había disfrazado. Debido a esto, sus compañeritos, tan pequeños como él, se burlaban mientras le lanzaban algunos insultos característicos de aquella edad.

Sin embargo, se sentía orgulloso (otra vez en el buen sentido, por supuesto) porque se estaba convirtiendo en un pequeño mártir del Señor. En aquel momento recordó la predicación que decía que en Dios sería más que vencedor y que él mismo *cobraría venganza contra sus enemigos*, así como con el profeta cuando los jóvenes se burlaron de él y un oso los despedazó. Andrés entonces, y en medio de las burlas crueles de sus compañeros, comenzó a clamar orando en lenguas en voz alta. Esta era una batalla espiritual que no estaba dispuesto a perder, la victoria era suya, pues aunque sus compañeros tuvieron un motivo más de risa y el matoneo arreció, supo que había vencido contra *las huestes y potestades de maldad* que querían ridiculizar la ley de Jehová.

Su vida siguió creciendo, su ministerio fue de mayor impacto y sus palabras cada vez calaban más, ministraban más, liberaban y traían consuelo a quienes las escuchaban. Pronto su *agenda ministerial* comenzó a interferir con sus estudios y no le dejaba tiempo para atender sus clases en la universidad. La pugna tuvo una solución sencilla pero certera, siempre supo que debía *buscar primeramente el reino de Dios y su justicia y todas estas cosas serían añadidas*.

Y así, *sin despertarlo antes de tiempo*, llegó el amor. La sonrisa de Jenny lo cautivó desde el primer momento que se cruzaron en alguna célula. Ella era una joven inteligente que estaba *reconciliándose con el Señor* después de haber caminado *descarriada* un par de años tras haberle aceptado como Salvador personal.

Lo genuino de su interés por amar a Dios se hacía evidente en cada momento de adoración e intercesión en el que participaban juntos, así como en las charlas cada vez más frecuentes que sostenían durante el tiempo de planeación de la reunión juvenil. Jenny se comenzó a involucrar rápidamente en las actividades de la iglesia y Andrés estaba allí para guiarla desinteresadamente en medio de su proceso de crecimiento espiritual.

El interés mutuo comenzó a ser cada vez más evidente para los miembros de la comunidad, quienes sonreían con complicidad por la ternura que les despertaba lo que estaba ocurriendo en medio de esta joven pareja que, al pasar el tiempo, formalizó su relación.

En medio de sus quehaceres eclesiásticos, la palabra del cielo vino sobre sus vidas como una invitación a esperar por la promesa de la bendición de Dios en medio de su relación, pero para eso debían hacer un *pacto de pureza*, en el que se manifestaba que ningún *deseo inmundo* tendría posadera sobre sus pensamientos y mucho menos sobre sus acciones. Ellos aceptaron con alegría; la idea que había concebido la relación era agradar al Señor en todo, siendo ejemplo para muchos sobre que sí es posible vivir una *relación con propósito* de matrimonio en santidad, como Dios manda.

Ya se habían acostumbrado a obedecer la voz de Dios a través de sus líderes o pastores. Ellos eran quienes les guiaban en las decisiones más importantes de sus vidas. Les recomendaban siempre qué reuniones familiares, empresariales o de amigos atender, qué negocios o inversiones hacer y cuáles no, cuánto debían *dar para la obra*, e incluso, en intentos anteriores, daban el visto bueno para continuar adelante en sus relaciones sentimentales. En esta oportunidad, tanto Andrés como Jenny, esperaban recibir la autorización por parte de sus *padres espirituales* para poder contraer matrimonio. Si esta no llegaba, ellos debían romper su relación inmediatamente, *pues era lo que el Señor habría querido*.

Pasaron los meses y a medida que se acercaba la fecha de matrimonio, los planes se concretaban más y más. La ceremonia fue muy espiritual, el centro fue la adoración y cada cosa debía dar gloria a Dios. Desde la decoración, hasta la comida, el sermón, los cantos y cada elemento del programa. El Señor mismo había preparado esta cita desde la eternidad, la pareja se había concebido en el mismo corazón del cielo.

La joven pareja disfrutó las mieles del amor y comprobó el respaldo divino a la obediencia. Una vida de santidad tarde o temprano recibe la recompensa del esfuerzo, el ministerio creció más, la economía se fortaleció, los amigos encontraban en este hogar un refugio de consuelo y buen consejo; el cielo sonreía.

Pero, al pasar de los años, Jenny comenzó a *abrir una puerta al enemigo*. Había algo en ella que no estaba bien y Andrés se propuso pedir en intercesión la revelación para poder discernir qué era. Afortunadamente él *seguía siendo cada vez más consagrado*, dedicaba más tiempo a la oración y al ministerio. Sus plegarias serían respondidas a la brevedad y de esta manera podría *avergonzar al diablo* de una vez por todas.

Las nuevas fragancias que su esposa compraba, además de enloquecedoras, eran bastante costosas, el exagerado cuidado en su apariencia personal y algunos detalles gesticulares, así como nuevos ademanes, fueron recibidos por Andrés como un lindo regalo de ella hacia él. Ahora estaba inmerso en tiempos confusos.

Pero los días siguieron pasando y él continuaba sin entender los nuevos comportamientos de su esposa, quien a su vez se tornaba más distante, buscaba nuevas excusas para llegar tarde a casa o para negarse a pasar tiempo con él. Aunque Andrés no había recibido explícitamente revelación alguna con respecto a lo que ocurría con su amor, comenzó a notar que ella ocultaba su teléfono móvil en presencia de él, las contraseñas restrictivas en las diferentes aplicaciones y las cada vez más frecuentes conversaciones de su esposa en voz baja en la habitación continua lo alarmaron en el alma. Al parecer, no era él el objeto de la impecable presentación personal de su esposa y de su delicioso aroma.

Cada vez que tomaba valentía para hacer alguna confrontación, recibía violencia por respuesta. Jenny se había vuelto experta en enojarse contra él cuando era interrogada sobre si existía alguna persona que ahora llamara su atención o si estaba en medio de una relación paralela. A esas alturas, Andrés, según su esposa, estaba loco, era un celoso compulsivo sin razones, un amargado, o veía cosas donde no las había. Él sentía una cada vez más grande frustración y tristeza, pues estaba comenzando a convencerse de sus alucinaciones sin sentido y de su paranoia con respecto a aquella *mujer esforzada y valiente* que era Jenny.

***

Hasta que un día el sol no brilló más. Puede que a esas alturas dicha frase haya resultado reiterativa, sin embargo era la única verdad en la vida de Andrés, quien todavía no podía descifrar qué había sido más impactante, si el alivio que experimentaba por darse cuenta que *no estaba loco* y que sus sospechas resultaron ser ciertas, o el dolor de la decepción que le había causado el engaño de su esposa. Sin embargo, lloró. Por fin.

Los días siguientes fueron una montaña rusa de sentimientos, pensamientos y emociones, pero la pregunta que más le taladraba en la mente y que le hería el alma era *"¿Qué hice para merecer esto?"*. Él había sido *bueno* todo este tiempo, había guardado al pie de la letra los preceptos que aprendió, su tiempo devocional era el pan de cada día, ayunaba regularmente, servía en la casa del Señor, se había guardado virgen hasta su matrimonio, se mantenía en santidad, desechaba cualquier pensamiento impuro y lo llevaba a la cautividad en Cristo, pero a pesar de esto, estaba descubriendo que Dios no le había guardado su matrimonio como se supone que debía hacerlo. Aprendió que Dios no lo ayudó, Él no ayuda a nadie.

Entonces se dio cuenta de que en realidad la mayor parte de su decepción no era con su amada esposa, sino con su *amantísimo Padre*. El dolor que estaba experimentando era tan profundo que lo quebraba. No quería comer, no podía dormir, ninguna compañía le aliviaba, no deseaba orar, no soportaba las canciones cristianas que antes lo confortaban.

Tuvo el impulso de beber alcohol, probar las drogas; deseó vivir en un día lo que había evitado durante toda su adolescencia y primera juventud. Pensó que la manera de aliviar el dolor era entregando su cuerpo a relaciones sexuales con cuantas mujeres pudiera. Se imaginó en medio de fiestas, bailó en la soledad de sus pensamientos con el mismo diablo, se dejó vencer por el mal y, entonces, lo hizo, siguió sus impulsos. Se arrojó a aquellas acciones que pensó jamás haría, bebió, bailó, fumó, incluso encontró a alguien con quién intimar bajo sus sábanas, para ver si de esta manera podía vengarse, exorcizarse de todos aquellos sentimientos y odios que ahora le gobernaban. Pero luego se vio al espejo.

Y allí, en la noche más oscura, rodeado por las tinieblas más espesas que llegaron incluso a permear la poca energía que quedaba, vio la cruz.

Paradójicamente, y después de tantos años en la fe cristiana, allí estaba él identificándose con Jesús. En medio de este dolor inexplicable descubrió que Dios no lo había guardado. Como él lo pensó muchas veces en las últimas horas, parece que Dios no guarda a nadie, porque, en vez de eso, él acompaña, solamente. Jesús, silencioso, se había sentado a su lado a llorar sus lágrimas en quietud, no había nada más. Era suficiente. Y allí estaba en la cruz, muriendo con él.

Es interesante lo que descubriría tiempo después. Así como Dios no lo guardó, tampoco lo metió en este pozo. Él no tienta a nadie. Lo acompañó en medio de un golpe duro de la vida, porque de eso se trataba su paso por esta tierra, de ser golpeado, de ser humano.

Por primera vez, Andrés entendía que en aquella cruz tenía la más grande oportunidad en su vida de morir a las cadenas de la religión que lo ataban a sus propias imposibilidades. La cruz lo estaba liberando de su esclavitud, le estaba abriendo los ojos a las mentiras que la religión le dijo por años y entonces recordó aquella vez en que Jenny le pidió que juntos celebraran su aniversario, pero él no quiso acompañarla porque, coincidentemente, ese día se ofrecía el culto anual apostólico y él *debía traer los diseños del cielo a través de su instrumento*.

Se vio en aquella fecha cuando su esposa le preparó la sorpresa en el restaurante del centro, del que él salió corriendo molesto porque la música que interpretaba el trío de guitarras *era del mundo y le iba a robar su unción*. ¡Cómo se le ocurría a Jenny dejarse usar por el diablo de esa manera para apartarlo de los propósitos eternos!

A su mente llegaron los episodios en que, con una copa de vino, Jenny se acercaba para intimar con él, pero *su discernimiento* lo impulsaba a apartarla y recordarle lo borracha que era al tener el descaro de *traer licor a su lecho*, dejándola allí sola, esperando, mientras él se dedicaba a *ponerse a cuentas* con Dios.

Las horas comenzaron a parecer minutos mientras Andrés comenzaba a ver, por primera vez, la libertad que la cruz estaba trayendo ante sus ojos. Era él, pero era esclavo, enajenado, testarudo, ciego, habiéndose despojado de su humanidad porque anhelaba buscar una santidad religiosa que al final lo hacía perder de su verdadera humanidad, la cual, desde el plan de Jesús era la razón de cualquier *santidad*. Quizá como Adán y Eva en el Edén, quienes al despreciar su naturaleza quisieron ser como Dios y entonces cedieron a la tentación.

"Debí haber comprado flores", escuchaba de fondo en la voz de Mars, mientras se veía reflejado en cada sílaba de la letra de la canción *When I was your man*. Porque cuando se acallan las voces, incluso las piedras hablan. Allí estaba él siendo salvado del diablo, de sí mismo.

Algunos meses después comprendió que aunque nada justificaba el engaño por parte de su esposa, sus actitudes fueron abriendo una brecha que no podía volver a cerrarse fácilmente. Andrés comprendió que era víctima, así como Jenny, así como millones de personas que necesitan ser salvadas.

Sin embargo, por más identificación que logró tener con la cruz, resucitó. Así como aquél maestro en Galilea hacía un par de milenios atrás, él había vuelto a nacer. Resucitó a su humanidad. Entendió que la vida de Jesús era para él en la vida ahora, mientras que su más grande anhelo era ser como Dios, ese que se hizo humano y lo reivindicó. Jesús lo estaba salvando de la religiosidad cristiana, de la religión a la que después de haberle servido, ahora estaba en contra de él; de la esclavitud y la presión social. Entonces pudo hallar libertad y encontrarse en medio del más grande y maravilloso amor. Porque todo lo bueno viene *del Padre de las luces*.

Pudo volver a sonreír, a disfrutar la vida, a amar, no por temor al castigo o esperando alguna recompensa, sino desinteresadamente. Comprendió que en la vida debemos aprender a hacernos cargo de nosotros, a tomar nuestras propias decisiones, a romper con la dependencia a que alguien más decida por nosotros desde la subordinación y más bien a aprender a vivir comunitariamente, porque puede que Dios nos guarde o no, pero siempre nos acompaña, y las consecuencias de nuestros actos son nuestras y de nadie más. Como cuando la vida nos golpea sin merecerlo, sin buscarlo; como cuando una enfermedad terminal nos visita, o la noticia de la muerte de un ser querido nos sorprende cuando menos lo esperamos.

Andrés supo que fue amado desde siempre, lo experimentó en ese amor que lloró con él, a su lado, en silencio. Ese amor que lo sanó.

Andrés soy yo. Andrés eres tú.

◆ —— • ● ◆ ● • —— ◆

Como el capítulo anterior, un mensaje central en esta proclamación de la cruz es la revelación y la promesa de que Dios está con nosotros en nuestro sufrimiento. Pero esa oración no capta todo. Tanto como la cruz misma tiene varias facetas, esta historia también. Por ejemplo, Andrés fue esclavizado por la religiosidad. Como vimos en los evangelios y en Colosenses 2, la religión (como poder) fue uno de los poderes que crucificó a Jesús. Y por la cruz y la resurrección Jesús desarmó y exhibió públicamente ese y otros poderes (Col 2:15). Por la cruz y la resurrección Andrés experimento la libertad de la religiosidad que Pablo proclama en Gálatas y Colosenses capítulo dos.

Uno de los propósitos de este libro es mostrar tanto la necesidad como la oportunidad de contextualizar el mensaje de la cruz. No hay solo una explicación de cómo la cruz salva y tampoco hay solo una experiencia de la cruz. Andrés tuvo una experiencia profunda de un encuentro con Jesús en la cruz. Otros en este libro también, Douglas Frank por ejemplo, o Diego en el capítulo por Chris Hoke, pero sus experiencias fueron diferentes. ¡No limitemos el poder de la cruz!

MUCHO MÁS QUE UNA CRUZ

18

DIOS NO SE DIVORCIA DE NOSOTROS
Grace Spencer

Siendo estudiante de seminario, Grace Spencer sirvió como pastora de jóvenes a tiempo parcial en una iglesia ubicada en un vecindario con una fuerte presencia de población latina y una alta tasa de pobreza en Fresno, California. La mayoría de los adolescentes en el vecindario eran víctimas de abandono, rechazo, abuso y descuido. La mayoría de los padres de esos adolescentes estaban divorciados o separados. Para ella era evidente que los jóvenes se peleaban fácilmente entre ellos, rechazaban a los de afuera, y terminaban las amistades tan pronto se presentaba un conflicto. No eran muchachos que se mostraran ansiosos por recurrir a Dios porque creían que el papel de Dios es administrar la distribución de castigos y recompensas. Spencer compartió esta reflexión autobiográfica acerca de la cruz con los jóvenes del vecindario. Su expectativa era que su historia se conectara con las experiencias de dolor y relaciones rotas de esos muchachos y que les comunicara el amor que Dios tiene por ellos. Esperaba que cuando los muchachos de su vecindario se enfrentaran a este relato alternativo, los que habían sido afectados por las decisiones de sus padres encontraran sanidad y una nueva identidad en el amor de Dios.

La mayor parte de mi vida se me fue tratando de comprender el divorcio de mis padres. Aunque muchos me aconsejaron que lo aceptara y siguiera adelante, yo no podía resignarme. Supongo que necesitaba saber a quién culpar para poder convencerme de que yo no era la causa. O, tal vez, quería averiguar cuál había sido el punto de quiebre para poder asegurarme de que no cometería esos mismos errores. Cualquiera que haya sido la razón, quería desesperadamente resolver el misterio de la separación de mis padres. Esta búsqueda fue, sin embargo, casi imposible. Apenas comenzaba mi adolescencia cuando sucedió, así que mis padres no compartieron ningún detalle conmigo. A medida que fui creciendo, decidida a buscar información, le pregunté a mi hermana mayor. Las historias dolorosas que compartió conmigo solo hicieron la situación más complicada. A veces preferí no haber preguntado nunca.

En nuestra iglesia, el divorcio de mis padres fue un escándalo ya que mi padre era el pastor. Una vez que decidieron divorciarse, la iglesia también se divorció de nosotros. Fue así como la falta de lealtad me rodeó durante los años formativos de mi vida. La comunidad cristiana amorosa, la revelación del reino de Dios, me abandonó en el momento de mi necesidad más honda y me dejó profundas heridas que pensé que nunca sanarían.

Recurrí a la Biblia en busca de ánimo y también para obtener respuestas. Analicé cada pasaje bíblico sobre el divorcio. Estaba totalmente comprometida en saber a cuál de mis padres echarle la culpa a tono con las leyes de las Escrituras. La búsqueda de la Biblia no me ayudó a asignar la culpa de manera apropiada, al contrario, pasajes como Éxodo 34:6-7 revelaron la profundidad de mi propio quebrantamiento.

> El Señor, el Señor, Dios clemente y compasivo, lento para la ira y grande en amor y fidelidad, que mantiene su amor

hasta mil generaciones después, y que perdona la iniquidad, la rebelión y el pecado; pero que no deja sin castigo al culpable, sino que castiga la maldad de los padres en los hijos y en los nietos, hasta la tercera y la cuarta generación.

En mi adolescencia y mi adultez temprana este pasaje me obsesionaba. No entendía cómo Dios podía ser misericordioso y lento para enojarse mientras dejaba que los pecados de los padres afectaran a la tercera y cuarta generación. El pasaje me producía un sentido de perplejidad, pero también me quitaba toda esperanza por su aparente validez. No podía negarlo, estaba viviendo a la sombra de mis padres. No era como si Dios me estuviera castigando por la decisión de mis padres; más bien, era muy consciente de que de alguna manera las relaciones destrozadas dentro de mi círculo interno me rompían también a mí. El divorcio se había convertido en un molde que le daba forma a todas mis relaciones. Empecé a mantener a la gente a distancia para protegerme así del dolor. Hacía todo lo posible para evitar el conflicto. Llegaba a los extremos para complacer a la gente, trabajaba arduamente para llamar la atención, me negaba a admitir que estaba herida u ofendida, y simplemente cortaba de plano una amistad si el conflicto se complicaba demasiado. El dolor, el abandono y la vergüenza redefinieron mi ser más íntimo.

En mi interés por comprender en toda su dimensión los efectos negativos que el divorcio de mis padres había tenido sobre mí me afectó al punto de convertirse en una obsesión desesperante poder echarle la culpa a alguien. En algún momento, uno de mis padres (no recuerdo cuál) me dijo que ellos ya no soportaban el dolor que implicaba quedarse en el matrimonio. Era como acercarse cada vez más a una llama; en algún momento te ibas a quemar. Cuanto más trataban de mantener su compromiso con su cónyuge y cuanto más trataban de perdonar, tanto mayor dolor sentían.

Entre más interactúa Dios con su creación, tanto mayor es el dolor que se le causa. ¿Cuantos clavos atravesados en las manos de Dios serán necesarios para que nos demos cuenta de su ilimitado compromiso con nosotros? Dios tenía todo el derecho de divorciarse de nosotros, pero no lo hizo. Lo engañamos en nuestra infidelidad, abusamos de él,[1] lo ridiculizamos, lo culpamos, lo escupimos, lo asesinamos, y él nos perdonó. Imagínense si Dios hubiera solicitado el divorcio con la humanidad, ¿qué nos diría? "Te creé por amor, y me rechazaste. Te liberé de la esclavitud y me pediste que te regresara a las ollas de carne que te daba quien te mantenía esclavo convencido como estabas de que yo estaba tratando de matarte de hambre. Me revelé a ti como tu Señor y Salvador personal, YAVÉ; te hice una nación única y santa, y pediste un rey para que pudieras ser como todas las demás naciones. Te di la ley para que te ayudara, y tú abusaste de ella. Por amor asumí forma humana para mostrarte mi devoción, y tú me mataste".

La cruz es la manifestación de la justicia; es la revelación del profundo amor que el creador tiene por su creación. La justicia de Dios va más allá de nuestra comprensión de la justicia. Dios es justo porque mantiene su compromiso con nosotros, a pesar de que hemos sido infieles. A través de Jesús en la cruz, Dios estrecha sus brazos hacia su novia adúltera y le da la bienvenida a su hogar; es una bella pero sangrienta invitación. Estas son las buenas noticias: Dios nunca se da por vencido como para abandonarnos. Él no nos mantiene a distancia para protegerse del dolor, sino todo lo contrario. Él se inmiscuye en nuestra vergüenza, en nuestro abandono y quebrantamiento. En lugar de divorciarse de nosotros, Dios ha renovado su voto de compromiso a través de la cruz. La revelación del amor radical de Dios nos despierta a una vida nueva, nos desafía a abrazar nuestra propia humanidad e ilumina con su luz nuestra oscuridad y desesperación.

---

1. Nunca animo a que nadie permanezca en una relación abusiva.

El compromiso de Dios con nosotros, que culmina en la cruz, revela la profundidad de nuestro pecado. No solo nos divorciamos de él sino que, además, asesinamos al Dios encarnado. La resurrección de Jesucristo revela lo que Dios anhelaba que sintiéramos: que nada, ni siquiera la muerte, puede separarnos de su amor. Su perdón, su misericordia y amor nos mueven a responder; es la voz de un amante ávido que habla con ternura y seduce a su amada. Más que solo un acto de amor, ese evento nos da un nuevo sentido de identidad a los que estamos marcados y agobiados por el abandono y el rechazo. Dios ha sido testigo de los efectos que el pecado ha tenido en la tercera y cuarta generación, comenzando con Adán, y ha respondido con gracia para traernos sanidad. Ya no necesitamos atender las heridas causadas por el descuido y las relaciones quebrantadas. Dios nos ofrece una fuente de vida; podemos ser restaurados, redefinidos y renovados cuando nos enraizamos en el amor de Dios y su compromiso eterno con nosotros.

Una vez que empecé a creer que Dios está radicalmente comprometido conmigo y con el resto de la humanidad, algo en mí cambió. El amor de Dios despertó algo que echó raíces en mi alma. De repente me sentí atraída hacia las personas y, mientras buscaba a Dios en ellas, sentí que mi alma florecía en una nueva vida. La amargura a la que me aferraba, las inseguridades que me atormentaban y el miedo al abandono del que no podía escapar fueron reemplazados por una corriente inextinguible e interminable de amor que exigía que se le dejara fluir: era simplemente un torrente que no podía resistir. En lo sucesivo, cuando me herían, aunque una parte de mí quería retirarse, otra parte me empujaba al perdón y a la restauración. Me sentí fortalecida, encontré la valentía para expresar mi dolor, descubrí la capacidad de confiar y experimenté la presencia de Dios conmigo mientras abrazaba mi vulnerabilidad. Me estaba haciendo una persona nueva.

Dios ha reescrito la historia de cada uno de ustedes. Hoy

mismo pueden comenzar un nuevo capítulo. Los invito a que se abran a recibir y creer el amor abundante de Dios que les ha obsequiado. Dejen que ese amor los consuma y les dé libertad. Él nos ha dejado su Espíritu para guiarnos y para que podamos vivir con el mismo amor que tiene el poder de transformar. Como es evidente en la cruz, nada nos separará jamás, ni siquiera la muerte, del amor de Dios.

◆ ——— • ● ◆ ● • ——— ◆

Este testimonio evangelístico muestra poderosamente el enfoque que este libro promueve. Ver el evangelio como una joya de muchas aristas nos libera para proclamar facetas del evangelio que, por sí mismas, no serían suficientes para una explicación completa de cómo la cruz y la resurrección proporcionan la salvación. Piensen en que una proclamación poderosa como esta se perdería si nos limitáramos a solo a un aspecto, o si solo tuviéramos en cuenta proclamaciones que contuvieran la lista completa de los puntos doctrinales acerca de la cruz. Es cierto que hay aspectos importantes de la teología de la cruz que no están presentes en esta presentación, pero la faceta del evangelio que sí comunica es poderosa, significativa y se conecta bien con su contexto, en el cual es muy necesaria. Aunque ya habían escuchado las buenas nuevas de la cruz desde otras aristas de la joya del evangelio, los adolescentes que se vieron afectados por el abandono o la negativa de sus padres a luchar por su custodia, se llenaron de lágrimas cuando escucharon este testimonio y se enteraron del compromiso de Dios con ellos. Los teólogos conservadores, a menudo, han criticado a algunos teólogos liberales por ofrecer una teología de la cruz que solo incluye el aspecto subjetivo de la cruz que ofrece la presentación de Spencer: lo que la cruz revela y cómo esa revelación nos mueve y nos cambia. La crítica es apropiada si este aspecto subjetivo se viera como la explicación completa y única de la cruz. Sin embargo, no incluirlo como parte del significado salvífico de la cruz también es incorrecto.

Este testimonio modela el enfoque ofrecido en este libro por su relevancia contextual. Grace Spencer hizo una proclamación de ese aspecto, de la narrativa fundamental del evangelio, debido a su conexión con los chicos y las chicas en su contexto. Esta no es la única herramienta que tiene en su caja y que usa cada vez que ella proclama el evangelio. Esta es, más bien, una herramienta que tuvo una efectividad y un valor particular con los muchachos con quienes la compartió.

En cierto sentido, el testimonio de Spencer es *el rasgo* común en el testimonio personal. Es una historia que sigue la estructura del antes y el después en la que la parte que corresponde a la etapa previa al encuentro con Dios en la cruz es una historia de herida, dolor y un sinsentido en la vida, y la cruz como un punto de cambio. Observen, sin embargo, que esta no es solo una simple historia del estilo: las cosas fueron malas —me encuentro con Dios— Dios cambió mi vida. El testimonio de Spencer es teológico a lo largo de toda la historia. Ella no cuenta su historia solo para decir "las cosas estaban mal, ahora están bien por el amor salvador de Dios". Ella interpreta su historia teológicamente y la usa para comunicar verdades acerca de Dios y de los seres humanos. A diferencia de Oseas, Dios no la llamó a una situación tan dolorosa, pero al igual que el profeta, ella usa su experiencia como parábola y metáfora del compromiso radical de Dios con la humanidad.

MUCHO MÁS QUE UNA CRUZ

SOBRE LOS AUTORES Y LAS AUTORAS

MARCOS BAKER es profesor de teología en *Fresno Pacific Biblical Seminary*, un seminario menonita en Fresno, California. Vivió por diez años en Honduras y visita América Latina regularmente. Está activo en un ministerio carcelario. Es autor de varios libros en español e inglés, como *Centrado en Jesús* y *Gálatas* (CBI).

NANCY BEDFORD es profesora de teología en *Garrett-Evangelical Theological Seminary*. Es argentina, y enseñó en el Instituto Universitario ISEDET, en Buenos Aires. Asiste una iglesia menonita donde es parte del equipo de predicadores. Es autora de varios libros, como *Teología feminista a tres voces* y *La porfía de la resurrección: Ensayos desde el feminismo teológico latinoamericano*.

DEBBIE BLUE es pastora, parte del equipo pastoral de *House of Mercy Church* en St. Paul, Minnesota. Es autora de varios libros, como *From Stone to Living Word: Letting the Bible Live Again* y el libro de sermones *Sensual Orthodoxy*.

GUSTAVO DELGADILLO es coordinador de CETI (Comunidad de Estudios Teológicos Interdisciplinarios) en el Perú. Ha pastoreado iglesias bautistas y menonitas. Actualmente vive en Huancayo donde es docente en diversos centros de formación bíblico-teológica. Es uno de los autores del libro *Huellas y Marcas: Rastros de lo que nos dejan los 500 años de la Reforma a una iglesia que quiere vivir el Evangelio*.

DOUGLAS FRANK fue profesor por treinta y cinco años en la *Oregon Extension*, un programa interdisciplinario universitario. Ahora reside en Seattle, Washington y asiste a *Church of the Apostles*, una iglesia afiliada con las denominaciones Luterana y Episcopal. Es autor de *Less Than Conquerors: How Evangelicals Entered the Twentieth Century* y *Gentler God*.

DAVID GAITÁN es periodista, escritor, productor de radio y televisión, bloguero y consultor internacional en temas de comunicación, redes sociales, de liderazgo y teológicos. Además es pastor en *La Casa del Árbol de Almendro*, Bogotá.

RICHARD B. HAYS se jubiló recientemente como decano y profesor del Nuevo Testamento en *Duke Divinity School*. Es un ministro metodista ordenado, y autor de varios libros, como *The Moral Vision of the New Testament* y *Echoes of Scripture in the Gospels*. Está activo en su iglesia local, *City Well United Methodist Church*, en Durham, Carolina del Norte. Toca la guitarra en el conjunto de alabanza y predica ocasionalmente.

CHRIS HOKE ha sido pastor de pandilleros y capellán de cárcel en una parte del estado de Washington donde hay muchos trabajadores de agricultura migrantes. Es autor del libro *Wanted: A Spiritual Pursuit Through Jail, Among Outlaws, and Across Borders*. Es fundador y director de *Underground Ministries*, una organización que anima a iglesias locales a que reciban y acompañen a personas que salen de prisión en su camino de restauración y reinserción a la sociedad.

FREDERICA MATHEWES-GREEN es autora de diez libros. La mayoría se enfocan en el cristianismo ortodoxo oriental. Su esposo, Gregory Mathewes-Green, es pastor fundador de *Holy Cross Orthodox Church* en Linthicum, Maryland.

MICHAEL MCNICHOLS después de pastorear la iglesia de *La Viña* por diez años, ahora es director del campus regional de *Fuller Seminary* en Irvine, California y profesor afiliado de estudios interculturales. Es autor de *Atonement at Ground Zero: Revisiting the Epicenter of Salvation*.

IVÁN PAZ es hijo de padre mexicano (Michoacán) y madre salvadoreña. Creció alternando entre Los Angeles y Fresno, California. Es un facilitador comunitario en *Fresno Metro Ministry* y profesor adjunto de *Fresno Pacific Biblical Seminary*. Fundó un gimnasio, *701 United*, como ministerio para jóvenes de su barrio, y asiste a la iglesia *First Presbyterian*.

RYAN SCHELLENBERG es profesor de Nuevo Testamento en un seminario metodista en Ohio (*MTSO*). Asiste una iglesia menonita y es autor de *Rethinking Paul's Rhetorical Education: Comparative Rhetoric and 2 Corinthians 10-13*.

GRACE SPENCER es anabaptista y pastora de *Reunion*, Oakville, Ontario, Canada. Anteriormente fue pastora de jóvenes en *Neighborhood Church*, Fresno, California, y trabajó en el *Center for Peacemaking* como mediadora entre víctimas y victimarios de crímenes en un programa de justicia restaurativa.

ANA THIESSEN creció en Honduras como hija de misioneros. Con su esposo Robert ha sido misionera con *Multiply* de la iglesia *Hermanos Menonitas*, en Guerrero y Oaxaca, México, entre pueblos originarios de la región, desde 1992.

DAN WHITMARSH reside en el estado de Washington. Es pastor de *Lakebay Community Church*, de la denominación I*glesia del Pacto Evangélico*. También trabaja con otras iglesias en el área de revitalización y escribe una columna sobre religión en el periódico *Key Peninusula News*.

www.ingramcontent.com/pod-product-compliance
Lightning Source LLC
Chambersburg PA
CBHW030110100526
44591CB00009B/349